# 語りのメソッド

## イタリアの民話をたずねて

剣持弘子 著

三弥井書店

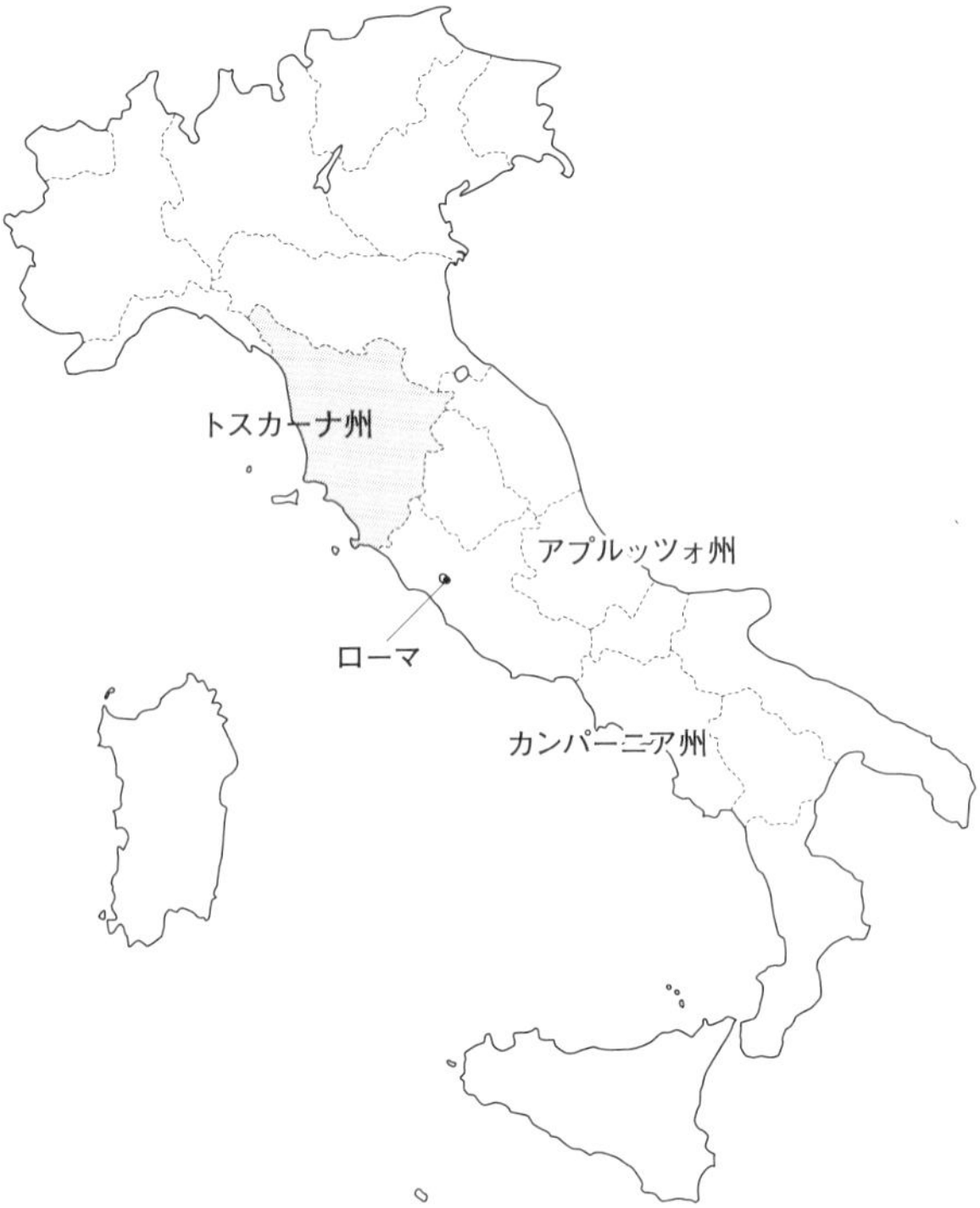
トスカーナ州
アプルッツォ州
ローマ
カンパーニア州

トスカーナ州

ビストイア
ルッカ
フィレンツェ
ピサ
リボルノ
サンジャミアーノ
アレッツオ
シエナ
❶ モンターレ
❷ ピノッキオ公園
❸ ペルポリ
❹ ペトロニョーラ

# 目次

## 語りのメソッド イタリアの民話をたずねて

## モンターレへ

# 旅をはじめるまえに

一九九〇年四月から一年間、わたしはイタリアのフィレンツェに滞在する機会があった。夫のサバティカル休暇に便乗してのことだったが、わたしにはわたしなりの目的があった。昔話の語りの現場に立ち会いたいと思っていたのだ。

当時、ヨーロッパでは昔話の語りはもう聞かれないと言われていた。どのような根拠があっての発言なのかわからないが、〈ある〉という証明はできても〈ない〉という証明はそんな簡単に出来るわけではなかろうという儚《はかな》い期待を胸に旅立った。手がかりは一冊の昔話集だった。フィレンツェ近郊のモンタ－レという村で、その村の名士、文学の愛好者でもある弁護士ゲラルド・ネルッチによって集められ、一八八〇年に出版された『モンタ－レの六〇話』である。当時、出版から百年と少し経っていた。そのころの百年という年月は昔話の存続にとって微妙な年月である。その間に急速な近代化があり、伝承が途絶えたおそれは充分あるものの、なんらかの残滓もあるのではないかという期待もあった。

そして、じっさい、モンタ－レでも、さらにその後も、思いがけない出会いがあった。

これはそれらの旅のささやかな報告書である。

## 用語の説明　民話・昔話・伝説

本題にはいる前に、簡単に用語の説明をしておきたい。学会レベルでの厳密な用語ではなく、一般に使われている言葉に添って説明する。

民衆によって語り継がれてきた（お話）を、ひっくるめて**民話**という。そして、その中で、架空のお話として語り継がれてきたものを**昔話**といい、実際にあったこととして伝えられてきたものを**伝説**という。

また、近年、**現代民話**という言葉が使われるようになった。体験談から伝聞話へと変化し、時が経って民話に成長していく可能性をもつとも考えられる。一般的な用語とは言い難いが、笑いや不思議や恐怖など、現代民話はとくに若い人に人気がある。一九八五年に松谷みよ子が編集して立風書房から出した、『現代民話考』（全十二巻・後に筑摩文庫にも）によって、この言葉は市民権を得たといえるだろう。ただ、最近は、都市伝説とか、妖怪話という言葉の方がよく使われるかもしれない。妖怪のビジュアル化はすでに、江戸時代からあったが、水木しげるによって独特のイメージが定着したといえよう。さらに、近年、日本ではポケモンなど愛らし過ぎる妖怪が誕生し、海外でも人気を得ているようだが、今回はそこまでの現代化にはつき合いきれない。

## 物語はどのようにして生まれたのか？

人類がどうやって物語を生み出してきたかを想像してみよう。

わたしは、その過程を、一人の人間が生まれてから成長していく過程になぞらえて想像してみることにしている。

子どもは、生まれて、やがて少し言葉をおぼえると、まわりのものを見て、「これはなに？」「あれはなに？」と質問をはじめる。もう少し大きくなると、「どうして？」という質問が加わる。そして、それらの問いに大人が答えてやることになる。だが、大人にもすべてわかっていることばかりではないだろうから、そこには大人の想像が加わる。

そのうち、成長してくるにつれ、子どもには遊び心が芽生えて、大人の説明の中の嘘も承知で、お話として楽しむようになったことだろう。

大昔の人間も、嘘を嘘としてお話を楽しむことができるようになると、お話の上手な人が出てきて、他の人たちに語るようになったことだろう。

伝説は、場所や、人物、物、現象など実際にあるものを説明し、それを本当のことだと信じることを要求する。

昔話は、それに対して、出来事を架空のこととして楽しむお話である。「昔むかし、あるところに」と、時も場所も特定しないのがふつうで、主人公も、ふつうは名前がない。イタリアだと、王、王妃、王子、王女、若者、娘などで、名前があったとしても、ジョヴァンニ、マリアなど、よくある名前で、どこのだれと特定はできないのが一般的である。一方、「桃太郎」「赤ずきん」など特別に名前がつけられて広まることもある。

## 職業的な作家の誕生と昔話

文字のない時代、昔話にしろ伝説にしろ、お話は語りつがれることによって継承されてきた。さらに人が文字を使うようになると、それらの話を書きとめる人が出てくる。そして、職業的な作家が出てくると、語り伝えられてきた物語も、ときに作家によって洗練されたり、装飾されたりすることもあっただろう。

だが、そのことによって、物語を語り伝える人が途絶えたわけではなく、時には素朴な元の姿のまま、そして、時には作家たちによってふくらんだ話を吸収して、自分のものとしてあらたに語り継ぐこともあっただろう。

いずれにせよ、人々が語りついできた架空の話を、わたしたちは「昔話」として受けついできたのである。

昔話と文学作品の違いは、耳できく話と目で読む作品の違いといえる。耳できく物語は、一本の線の上を歩くようにまっすぐ進む。そうしないと、頭の中で、筋を追うことがむずかしくなるからだ。昔話はいつも一本の道の上を進む、これが、耳できく昔話が、きく者の頭の中にすーっと入ってくる大きな理由の一つでもある。一方、作家たちは、物語をより魅力的にしようとして、何本もの道に枝分かれさせ、話を複雑にすることがある。

## 昔話や伝説はどうやって伝わってきたのか　伝承と伝播

親から子や孫へと縦に受けつがれることを伝承という。また、生まれ育った地域を越えて人々がさまざまな動機で移動することが多くなると、それにつれて物語を運んで来たり運んで行ったりすることがふえる。受け入れやすい話であれば、人々はそれを自分たちのものとして、レパートリーをふやすこともあっただろう。お話を運んでくる人たちのなかには、旅の職人や商人たちがいたことが知られている。

もっと時代が進むと、口伝えだけでなく、書物によってもひろまった。このように水の波紋のようにひろがっていくのが、物語の伝播である。また、昔話は伝播するとき、話をそっくり受け入れるだけでなく、モチーフだけをほかの話にとりいれることもある。すでに似た話があるところでは、とくに起りやすい現象である。そうやって、似ているけれど少し違うという話があちこちに生まれた。

つまり、大昔に芽生えたお話の種が、親から子へと伝承されたり、ときには国境を越えて伝播したりして受け継がれてきたのである。

民話、とくに昔話はそうやって、世界中に広まっていった。一方、他の地域と交流がなかったり、あまりにも環境の異なる地域では、いつまでも独自の話を守りつづけてきたようである。

日本も、かなり独自の話をもっているが、それでも、中国やヨーロッパなどの影響は、少なくない。そういう影響関係を探る研究は、まだまだ余地を残しており、今後が期待される。

# 一章　昔話を訪ねる旅

## モンターレへ

モンターレはフィレンツェの中心部から車で西へ一時間ほどの小さな村である。イタリアの背骨、アペニン山脈はフィレンツェの北でゆるやかに西に折れ曲がり、なだらかな山脈となって西海岸まで続いているが、モンターレはその山脈が折れ曲がった辺りの南麓にある。

フィレンツェには、古くからの友人が一人いた。彼女は声楽の勉強にイタリアに渡ってから、当時すでに三十年近く経っていた。イタリア人の夫君に先立たれた彼女は、自身も勉強をつづけながら、日本から声楽の勉強にくる若い人や近所のイタリア人たちに歌唱の手ほどきをしていた。

イタリアでは、とくに田舎へ行く場合、車なしではかなり困難を伴う。鉄道もバスの便もあまりいいとは言えない。そこで、わたしは彼女にあちこち車で連れていってもらう代わりに、その日の昼食と、ときには夕食もご馳走するという取り決めをした。昼食は出先で彼女のお勧めのレストランへ。そして、週に一度は、我が家で手造りの日本食をふるまうことにした。

## ロランド・ヴィヴァレッリ氏との出会い

夏が近くなった頃、いよいよモンターレに行くことにした。だれともコンタクトをとっていない、ぶっつけ本番の、〈語り手〉探しである。

村に着くなり、一軒のバールが目に入った。

バールというのは英語ではバーであるが、ちょっとイメージは違う。イタリアではエスプレッソと呼ばれる独特の濃いコーヒーを小さなカップで供する店で、どんな田舎でも必ずといっていいくらいあるようだ。わたしはあまりコーヒーを嗜《たしな》まないので詳しくは説明できないのだが、今ではエスプレッソは日本でもかなり普及しているようだ。

人々は、朝はそのエスプレッソをバールで立ち飲みしながらひとしきりおしゃべりを楽しんでから仕事に出かける。夜は夜でまた、バールは主におじさんたちの社交の場となる、といったところだろうか。ちょっとした集落なら、どんな田舎でもバールのないところはないようだ。都会では、最近観光客目当てに、サンドイッチやピザなどが置かれるよ

バール「マーラ」

うになっているが、モンターレはまだ観光地ではなかった。

　わたしたちは、まずコーヒーでも、と、その店に入った。まだ昼前だったせいかお客は一人もいなかった。カウンターには五十歳くらいの女主人が一人店番をしていた。

　わたしは、当たって砕けろとばかり、さっそくあの民話集を見せて、

「この本をご存知ですか？」ときいてみた。すると、なんと、

「うちの亭主がそれに夢中ですよ」というお返事。

　いきなりの幸運である。

「ぜひ、ご主人に会わせてください」

とお願いしたところ、女主人はちょっと奥

にひっこんでから、まもなく戻ってきた。

「ちょっと、待っていてください。じきに出てくるでしょう」

そういうと、女主人はカウンターに戻った。

あまりにもことが簡単に運びそうなことに、かえって不安になったりしたが、心を落ちつけようと、すすめられたテーブルについて待った。思いがけない異国からの客にあちらにも戸惑いがあったのか、ちょっと待たされた。

あらわれたのは、あまり大柄でない、きさくなおじさんだった。イタリアではいろんな人種が混ざっている感じで、とくに、男性は北方系の色白で背の高い人と、南方系の浅黒く、あまり背の高くない、がっちりした人に分かれることには早くから気がついていたが、ヴィヴァレッリ氏は、典型的な南方系の体格をしていた。日本人により近く、親近感すら抱かせてくれた。

わたしが来意を告げ、本を見せると、すぐにこちらの意図は通じたようだった。そして、

「残念ながら、この本にあるようなお話を語れた最後のおばあさんは、つい先頃亡くなってしまったけど、今でも、とくに男たちがバールに集まると、すぐに「話」がはじまるよ」という。長い昔話ではないけれど、ただのおしゃべりではない、「小話」とでもいえ

るだろうか。それは、たいがい笑い話だということであった。

女主人、つまりおじさんの奥さんは、わたしたちのおしゃべりが気になってしようがないらしく、ときどきおじさんを呼びつける。おじさんはそのたび、腰を上げて奥に引っ込み、また出てくる。その様子を観察していた友人は、

「わたしたちのことが気になってしょうがないのよ。それで、ときどき呼びつけて、焼き

語るヴィヴァレッリ氏
かけの鶏の丸焼きの串をまわしてこいなんて言っているのよ」という。わたしにはそんな内緒話のような会話はききとれなかったが、さもありなんという雰囲気は感じられた。

朝からこんな田舎にやってきた異国のおばさんが気にならないわけはないだろう。

そんな雰囲気の中で、わたしたちはバールで話されるというおじさんたちの「笑い話」をきかせてもらうことになった。

おじさんはかなり派手な身振りで小話を二つきかせてくれた。

あまりよくきき取れなかったが、ともかく、テープに録音したものをアパートにもちかえり、そのうちの一話だけを、なんとか日本語に起こすことができた。何度もきき返し、やっと仕上げて、友人に見てもらい、お墨付きをもらうことができた。彼女の夫君はフィレンツェ郊外の人だったので、彼女には聞きなれた訛りだったようだ。もう一話の方は、彼女にもよくわからなかったということであきらめた。

つぎに、その聞き取れた話「ローストチキンとフライドポテト」を紹介する。

どこの国でも、笑い話といえば時の権力者、しかも身近な権力者を笑う話が多いものであるが、イタリアではその権力者は、地方の聖職者であることが目立つ。この話もそうであった。

### ◎お話　その１（笑話）ローストチキンとフライドポテト

ここらじゃ、坊さんたちはみんな農場をもっていた。だれでもね。つまり、坊さんはみんな地主だったってことだ。ここでは、教会、つまり僧院のかかりを七人の小作人がみてたんだ。

毎年小作人は地主のところに勘定をしに行く。そして、こういうことは昔からの習慣なのだが、勘定がすむと、地主はその小作人に食事をふるまうことになっていた。

あるとき、一人の小作人が、いつものように勘定をしに行くことになった。するとその小作人の総領息子が、こんなことを言った。

「父さん、おれもいっしょに行ってもいいかい？　おれだって、そろそろ心得とかなくちゃいけないと思うよ。父さんがいなくなったとき、おれもどうすればいいか知っておくべきだろ？」

「そうさな、よかろう」

というわけで、二人は僧院長のところへ行った。

僧院長は息子がついてきたのをみると、ちょっと困ったなと思ったが、顔には出さず、「ああ、よく来た、よく来た」と言って迎えた。

すでに、鶏を一羽絞めてあったのだが、それはごくごく小さな若鶏だった。息子がついてくるとは思ってなかったからね。

手伝いの女も困って、僧院長に相談した。

「これだけの鶏では足りそうもありません。どうしましょう」

「そうだな。うん。ともかく付け合わせのフライド・ポテトをたっぷりつくってくれ。あとはわしがなんとかしよう」

さて、手伝いの女が若鶏のローストとフライド・ポテトの大皿をテーブルに運んでくると僧院長が言った。

「おお！　すごい！　よくやった！　おまえはえらい女だ！　なんともすばらしいフライド・ポテトではないか！　さあ、どうだ！　黄金色に光っている。きれいなもんだ！　おまえたちはなんと幸せ者だ。こんな素晴しい芋が畑にたくさんあるのだからな。さあ、自分でとってどんどん食べてくれ」

それで息子はどうしたかって？

自分の前にご馳走の大皿が回ってくると、さっそくフライド・ポテトをとろうとしたんだ。僧院長があれだけほめあげたフライド・ポテトだからね。

すると、父親が息子の手をとめて言った。

「やめろ！　礼儀知らずめ！　鶏をとれ！　今の話を聞いていなかったのか。ポテトは僧院長さまの大好物だってことがわからなかったのか！」

もちろん、ポテトよりチキンの方がご馳走だってことは、子どもだってわかるよね。

## ゲラルド・ネルッチゆかりの場所

夏になったばかりのころ、わたしと友人はふたたびモンターレを訪れた。二度目にお目にかかったヴィヴァレッリ氏は、村の中のネルッチゆかりの場所をいくつか案内してくれた。

まずネルッチの旧居。すでに人手にわたっていたが、ネルッチ家の立派な紋章は建物の大門の上の壁に残されていた。

さらにそこにいたる小道はゲラルド・ネルッチ通りとなり、その道はゲラルド・ネルッチ橋に続いていた。細い小道と小さい橋であったが、たしかに標識には銘が読み取れた。ネルッチはモンターレの唯一かもしれない有名人のようであった。

その日、ヴィヴァレッリ氏は、今は廃虚となった共同洗濯小屋を二ヶ所案内してくれた。ごく簡単な造りの小屋であった。近くの小さな川から水を引いていたということである。モンターレにかぎらず、昔、村々では、女たちがいっしょに洗濯しながらお話も語り合ったということを聞いたことがあった。なんの変哲もない小屋だが、そう思って見ると、格別の感慨があった。

そのあと、ヴィヴァレッリ氏は、村の古い教会に連れて行ってくれた。千年も前からあるというその教会の祭壇の、木彫りのキリスト像はヴィヴァレッリ氏の作品だということ

キリスト像とヴィヴァレッリ氏

だった。彼は村の彫刻師だったのだ。

## 『ピストイアの民話集』

二週間ほどして、わたしたちはまたモンターレを訪れた。渡すものがあるから取りに来るようにと、ヴィヴァレッリ氏から連絡があったのだ。

今回は、バールの裏手にある自宅の応接間に通してくれた。自宅は娘さんが開いている医院になっていた。どうやらヴィヴァレッリ家は、村では目立ったインテリ一家のようであった。

ヴィヴァレッリ氏は、その日は自分では語らず、一冊のコピー本を手わたしてくれた。それは、『モンターレの六〇話』の著者ゲラルド・ネルッチの甥ロドルフォ・ネルッチによって集められ、発行された『ピストイアの民話集』であったが、もちろん、新刊本ではない。ヴィヴァレッリ氏がみずからコピーして冊子にしてくれたものだった。

イタリアでも、日本のように近年、研究者や語り手によって新しく昔話が掘り越されているようであったが、それはまだまだ局地的で、国外どころか国内にもあまり知られていない。また、日本には昔話に関わる学会はいくつも存在しているが、イタリアにはそのような分野の論文を集めた出版物はあっても、学会というものはまだないようだった。

## 方言との苦闘

イタリア語の標準語は、十九世紀にアレッサンドロ・マンゾーニの『婚約者』によって一応完成されたといわれる。そして、そこにフィレンツェの言葉が使われていることから、フィレンツェやその周辺の言葉は外国人にも聞き取りやすいと言われていたが、慣れるまではそう簡単にはいかなかった。イタリアではHは発音されない。おかげでわたしのヒロコはイロコになり、ロにアクセントがついてイロコ、イロコとよばれ、なんとも落ち着きの悪い思いをしなければならなかった。

また、フィレンツェに近いとはいえ、ちょっとはずれると、聞き取りはますます難しくなる。それでもヴィヴァレッリ氏はいくらか気を使ってくれたようだった。ところが、いただいた『ピストイアの民話集』はみごとに方言のマンマであった。辞書にもない単語を前後の文脈から類推し、頻繁に省略された個所を、何度も発音してみて、パズルのように埋めていかなければならない。

折角のこの宝の山をどう崩すか、例の友人にも、フィレンツェの語学学校の個人レッスンの先生にも力を借り、その上、わたしの民話の知識を総動員して、悪戦苦闘の末、全体像はなんとか把握できたものの、訳を完成できたのは全七〇話のうちたったの二話。とにかくくたびれた。とりあえず今回はその二話のうち、完璧に理解できたと思える一話**「うしろ向きのマリアさま」**を紹介する。

## ◎お話　その2（笑話）うしろ向きのマリアさま

ある田舎の教会の司祭が、教会のマリアさまの絵を新しく描き直してもらおうと思い立った。ずいぶん昔からある絵だったから、あちこち破れたり、絵の具が薄れたりしていたのだ。

呼ばれた絵描きは仕事をはじめたが、けちな司祭は昼になるとパンとタマネギしか出さなかった。

今日もパンとタマネギ、つぎの日もパンとタマネギ、毎日まいにち、昼食はパンとタマネギばかり。

やっと描きあがった絵を見にやってきた司祭がおどろいてさけんだ。

「なんだ、この絵は?!　どうしてマリアさまは後ろ向いているんだ?」

すると、絵描きは言った。

「ああ、マリアさまは、私の息がタマネギ臭いって、そっぽ向かれたのですよ」

## モンターレ後日談

次の年の春に帰国して、だいぶ経ってからのことだが、思いがけなく、ヴィヴァレッリ氏から航空便が届いた。なにごとだろうと封を切ってみると、

「今度、モンターレではネルッチの没後百年を記念して、世界各国で翻訳出版されたネルッチの本を展示したい。ついては日本でも出版されたものがあれば寄贈されたい」という内容だった。

残念ながら、当時、そして今もそれに応えることはできない。日本では、そのころ、昔話集をまるごと翻訳出版する活動は弱くなっていた。一時期盛んな時期にはイタリア民話の専門家がいなかったこともあり、民話集出版の機運に乗り遅れたともいえる。

だが、今回のことから、ネルッチが相変わらずモンターレの誇りであることがうかがえるだろう。じつは、このネルッチの『モンターレの六〇話』の半分ほどは、後に紹介することになるイタロ・カルヴィーノ編の『イタリア民話集』の中に入っている。カルヴィーノがネルッチの仕事を評価したからだが、残念ながら彼流に手を入れた個所がある。それに、このうち日本に紹介されているのは数話にすぎない。将来、丸ごと紹介する機会があ

ればいいなと思っているが、若い人に期待すること大である。

長いあいだ伝えられてきた昔話の価値はそんなに簡単に消えるものではない。日本でも今後再評価されることを期待している。

## 図書館あれこれ

『モンターレの六〇話』を上梓したゲラルド・ネルッチには、もう一冊、昔話集があることがわかっていた。それは子どものための昔話集である。地方の出版社から出た本で、すでに絶版になっていた。

もしや、その本が現地の図書館にならあるのではないかと閃いた。うまくいけばコピーさせてもらえるかもしれないと期待した。

最初に行ったのは、モンターレの図書館だった。ちょっと目を引くモダンな建物だったが、できたばかりで、古い本はまだ本館のピストイアの図書館にあるはずだということであった。ピストイアというのは、モンターレの属する県の県都である。さっそくピストイアに車を向けてもらった。

## ピストイアの図書館

図書館はすぐみつかった。ピストイアは県都とはいえ、そんなに大きな町ではなかったのだ。石造りの目立たない建物だった。

係の男性は親切だった。面倒なことは一切いわずに、一度に全ページをコピーしてくれた。もちろん、そんなに分厚い本ではなかったのだが。

この昔話集も標準語ではなかった。前回の小話集ほどではないが、すらすら読めるというわけにはいかなかった。

結局、そのまま日本に持ち帰ったが、考えた末、例の友人にお願いして、仕事として、標準イタリア語に直してもらった。彼女もだいぶ苦労したようだった。その中から「結婚式に行った雄鶏と狼」を紹介する。(27頁)

## フィレンツェの図書館

フィレンツェには立派な**国立図書館**がある。アルノ川沿いのその図書館には何度も通って貴重な資料を利用することができたが、夏休みに集中して通うつもりだったのに、八月一杯は図書館も夏休みで休館とききいかにもイタリアらしいと感心するやら、がっかりするやら。結局九月を待つことになった。

フィレンツェの図書館は当時としては日本より進んでいて、パソコンで検索するようになっていた。

そのころ、わたしは日本で国会図書館をしばしば利用していたが、まだ一般の利用者のためのパソコンは導入されていなかった。わたし自身もまだパソコンは使っていなくて、ワープロだったから、困ったなと思ったのだが、従来通り窓口での利用もできたので、ほっとした。

入館時にはパスワードが必要だった。日本では国会図書館でもそんなものは必要なかったので、ちょっと戸惑ったが、その場でなんとかパスワードを思いついて登録した。ところが、その頃はまだイタリアより日本に気持ちが向いていたために、パスワードにjap-poneという言葉を入れたらしい。その後ご無沙汰していて、しばらくぶりに図書館に行った時には、パスワードを忘れてしまっていた。どこかに書き留めたつもりだったが、みつからない。なんでも、親しい地名を入れたな、と思い出し、firenzeと入力してはじき出されてしまった。その時にはすっかり日本よりフィレンツェの方に気持ちが向いてしまっていたらしい。だが、その図書館では、わたしは多分、珍しい存在だったのだろう、大目に見てくれたようで、ややこしい尋問はなくて、登録してあったパスワードを教えてもらうことができた。

手荷物を預けるロッカーでも苦労した。初めのうちは鍵を差し込んで回すというシンプルなものだったが、そのうち、暗号で回す方式に変わり、しかもそれがしょっちゅう故障するのだ。わたしだけではない、若いイタリア人も苦労していて、わたしが助けを求められることさえあった。故障の度に係の人を呼ぶことになった。要するに、図書館はまだアンバランスな近代化の途上にあったわけだ。

さすがに国立図書館だけあって、わたしが探していた本はたいてい見つけることができた。ただ、すでに手に入らない古い本ばかりだったので、コピーがしたかったのだが、まるごと一冊を一度にコピーすることは許されなかった。これは日本の国会図書館でも同じだ。そこで、とにかく借り出した上で、外部のコピー屋さんでコピーすることにした。ちょっとした抜け道だ。著作権保護のためだということはわかっていたが、絶版で手に入らない本ではあるし、滞在期限もあるし、悪用する智恵などないし、許してもらうことにした。

当時、イタリアのコピー屋さんは、機械の性能が悪いのか、コピーするにも時間がかかった。本を預けて、しばらくして様子を見に行って、と効率の悪いことを何度も繰りかえすことになった。

別の日、フィレンツェ大学の書庫からヴェントゥレッリ教授が、イタリアの昔話の音声記録のカタログを出してきて、コピーをしてもよいといってくれたことがあった。四百五十頁にも及ぶ大部なものだったが、わたしはある日の午後いっぱいを使ってコピーした。フィレンツェ大学のコピー室には当時コピー機が三台あったが、新しく性能の良さそうな機械はほかの学生が使っていて、一番古いのしか空いていなかった。事務の人が帰りたがってそわそわしているのを横目に見ながら、なんとか最後までコピーすることができたのだった。

## その他の図書館

フィレンツェではいくつかの子どもの本の図書館に出会うことができた。

日本では、ボランティアで営まれている〈文庫〉が各地にあるが、フィレンツェ、そして多分イタリアの他の地域にもそのような活動はなさそうだった。ただ、**学童保育**のようなものがあることを語学学校の先生に教えてもらって行ってみた。図書の貸し出しはしていなかったが、指導員の女の人がいて、子どもたちはいろいろな遊びをしていた。わたしはまず、日本の友人が持たせてくれた、夜店でおなじみのヨーヨー風船のキットを出し、水を入れて、手でついて見せた。ところが子どもたちはいきなりそれでキャッチボールをはじめてしまった。割れて水が散っては大変と、早々にやめてもらい、あとは折り紙で鶴

学童保育で遊ぶ子どもたち

の折り方を教えてみた。子どもたちは興味を示して、何人かが折り鶴を完成させてくれた。

折り鶴は、広島で被爆した佐々木禎子さんのエピソードだけでなく、オバマ大統領がみずから折って広島の原爆資料館に寄贈したことで一躍有名になったようだが、造形的にもなかなかの優れものだ。フィレンツェでは、本屋で折り紙が説明書付きで売られていた。

語学学校の先生にも折り鶴を教えたところ、さっそく小さな鶴をたくさん折って、透明な空き瓶に折り溜めたものを見せてくれた。

その先生に教えてもらって、**市の子ども図書館**にも行ってみた。住宅地の小さな公園の中の簡素な建物で、蔵書もあまり豊富とはいえなかった。子どもたちは近くの小学校からクラス単位で先生に引率されてきていた。わたしはその授業に立ち合うことを許されたのだが、その日のテーマが人形だと聞いていたので、日本から持ってきていた折り紙と割り箸を使って簡単な立ち雛をいっしょに作った。日本のチラシの雛飾りの写真も用意していたので、それを見せながら、ひな祭りの行事についても簡単に話した。工作をするときの子どもたちの生き生きした様子は日本の子どもたちと変わらなかった。

また、町の中心の広場に面した**捨て子養育院**の地下にも子どものためのささやかな図書館があった。ちょっとショッキングな名前がついているが、中世に捨て子が多かったことを憂えた絹織物組合が建てたと伝えられている。蔵書はあまり多くはなかったが、気軽に利用できたので、何冊か貸し出してもらった。現在はリニューアルされて、美術館になっているようだ。

その他に、フィレンツェの西郊には、中学校に併設された**ジャンニ・ロダーリ図書館**があった。ジャンニ・ロダーリはイタリアの国際アンデルセン賞受賞作家である。わたしたちが行ったときは、幼稚園児が引率されてきていて、先生に絵本を読んでもらっていた。幼稚園児が帰ったあと、利用者はわたしと友人の二人になった。その日は、フィレンツェでは珍しく雪が降って、車を置いてきたわたしたちはバスを待っていたのだ。すると、思いがけず、職員たちの三時のお茶のお相伴にあずかることになり、ケーキをご馳走になった。〈おばあさんのケーキ〉というそのケーキはミルフイユのように見えたが、食べてみるともう少し噛みごたえがあり、素朴な美味しいケーキだった。

この図書館は、今は独立した立派な図書館になっているようだ。

## ◎お話　その３（動物昔話）　結婚式に行った雄鶏と狼

雄鶏が農家の庭に積んである藁の中を探していて、紙きれを一枚みつけました。紙きれにはこう書いてありました。

「雄鶏さんを王様の結婚式に招待します」

「へえ、招待状なんだ。ほかにもあるかもしれない。もっと探してみよう」

藁の中をひっかきまわすと、同じような紙切れがたくさん出てきました。それは、雄鶏や雌鶏だけでなく、猫の夫婦や、牛の夫婦にも宛てた招待状でした。

「みんなにも招待状がきている。さっそく、いっしょにでかけよう」

雄鶏は動物たちを集めると、そろってでかけました。

家の裏までくると、そこには狼がいました。狼がおなかを空かしていることはよくわかりました。

「おお！　なんてりっぱな雄鶏だ！　じつにうまそうだ！　ちょうど、腹ぺこなんだ。おれさまに食べてもらうために、来てくれたってわけだな」

狼がそういうと、雄鶏は言い返しました。

「おれたちは王様の結婚式に行くところだ。いま食われるわけにはいかない。朝ご飯はまだ食べてないから、はらの中はからっぽだ。うまくなんかないぜ。ここで、おれたちの帰るのを待っているといい。ごちそうで、はらいっぱいになって帰ってくれば、あんたはもっといい朝ご飯にありつけるというものさ。さあ、行かせてくれ」

するとと、狼がいいました。

「雄鶏くん、きみはいいことをいうね。そのとおりだよ。さあ、通ってくれ、帰りを待っているぜ」

雄鶏は、一声高く、キッキリキーと鳴き声をあげました。そこで動物たちは出発しました。

やがて王様の御殿に着くと、みんなはにぎやかにお祝いし、たらふくご馳走を食べました。

さて、帰る時間になると、みんなは狼のことを思い出して、おちつかなくなりました。

そこで雄鶏はいいました。

「おれはあの狼の牙を逃れる方法を考えた。見てくれ、おれにはこの牛の鈴がある。こいつを鳴らしながら行こう。おまえたちは、おれのあとから、すきなように、大声をあげてついてきてくれ。いいな」

動物たちは、雄鶏にいわれたとおりにしました。

待ちかまえていた狼に出会うと、雄鶏は駆けて行きながらキッキリキーと大声をあげました。それと同時に鈴が大きな音をたてました。ほかの連中はそれを合図に、それぞれの鳴き方でさわぎながら駆け出しました。

コッコ　コッコ、　ミュウ　ミュウ、　モオー　モオー！

狼は、

「やあ、雄鶏くん、また、よく来てくれたね！」

といって、襲いかかろうとしました。ところが、動物たちのばか騒ぎを聞くと、急に不安になって聞きました。

「雄鶏くん、きみの仲間は、どうしてあんなふうに騒いでいるのかね。それに、きみはどうして、首にそんなものをぶらさげているのだい？」

すると雄鶏は、待ってましたとばかり、胸を張っていいました。

「ああ、おれのこの鈴は王様の結婚式で腹いっぱいになったってしるしだ。だけど、あの気の毒な連中は、一口も食べることができなくて、えらくおなかを空かせているのさ。それで、その代わりにあんたをごちそうにして、宴会をやり直そうっていうのさ。気をつけたほうがいいよ。ほら、つかまえにやってきたよ」

狼はすっかり怖くなり、尻尾を脚のあいだに隠して山へ逃げていきました。

そういうわけで、動物たちは元気にご主人のところに帰りました。

ATU 120F

## ガルファニャーナへ　ヴェントゥレッリ教授との出会い

フィレンツェ大学教育学部の日本文学担当のI子先生がアルノ河畔のわたしたちのアパートに夫を訪ねてこられたのは、夏休みに入る前であった。

そのとき、I子先生は、

「ところで、奥様はどういう目的でイタリアに来られたのですか？」ときいてくださった。夫のところに来られたお客様に、そんな風に一人前に扱われることがあまりなかったので、わたしは半ば驚きながらも率直に、

「昔話の語りの現場に出会いたいと思って」と答えた。その時点でわたしはなにも期待してはいなかった。なにしろ、日本では専門家が「もうヨーロッパでは昔話を語っていると

ころは残っていない」と断言しているくらいだったから。ところが、驚いたことに、「同僚に、昔話の調査収集に夢中になっている先生がいますよ」というお答え。にわかには信じられない思いだったが、

「ぜひ紹介してください！」と、とびついた。

ヴェントゥレッリ教授の資料集の翻訳本
（解説を含む）

こうしてその後まもなく、I子先生はフィレンツェ大学の研究室で同僚の先生に引き合わせてくださった。そのヴェントゥレッリ教授は講義のために週の三日を大学近くの下宿で過ごし、残りの四日は母親が一人で暮らすガルファニャーナ

の山間の自宅に帰って調査活動を続けているとか。そのとき教授は五十代半ば。調査は二〇代から続けているということだった。

教授はその席で、発行まもない『トスカーナ地方の民話資料』をくださった。思いがけない幸運に、まったく夢心地だった。おまけに、教授は現地調査への同行を約束してくれたのだ。わたしは、もう一つ、ずうずうしく、

「講義を聴講させてください」とお願いして、聞き届けられた。

いただいた資料集は、やはり方言で書かれてあった。でも、まったく理解できないというほどでもなかった。そこに収められている話は、タイプとしてはほとんどお馴染みだったからだ。それに、教授はその中の多くは新しく出版された標準語の『トスカーナの伝説と民話』に入れてあると教えてくれた。その本をわたしは早速、フィレンツェの本屋で購入した。

## フィレンツェ大学で

秋の新学年が始まるとすぐ、わたしは聴講生となって週に二日フィレンツェ大学に通いはじめた。教育学部の校舎はアルノ川から南へ一本入った細い道に面していた。なんの変哲もない門を入ったところは、柱廊に囲まれた庭（アトリウム）になっていて、いかにも

フィレンツェ大学のアトリウム（中庭）

イタリアらしい雰囲気だった。フィレンツェの建物は地味な外観からは想像できないような光景が中にひろがっていることがある。ここもそういう建物の一つだった。

建物の中の構造は複雑で、しかも教室はときどき変更があり、毎日掲示板で確認しなければならなかった。戸惑っていたのはわたしだけではなかったようだった。あるとき、やっと探し当てた教室の前で時間がくるのを待っていると、

「今日の授業はここでいいのでしょうか？」

と尋ねる人があった。それは若いイタリア人の女子学生だった。わたしはどう見てもアジア系のオバチャンだ。それでもわたしを頼りにしてくれる学生もいるのだとうれしくなった。

怖い話の資料集
『リグーリアとトスカーナの恐怖の伝説と場所』

講義は民間伝承の「分類」からはじまった。その分類はわたしにはおなじみのものであったが、ホラー（怖い話）の説明にかなりの時間を割かれたのには少々驚いた。だが、わたしは、トスカーナ地方の研究者によって丹念に集められた「怖い話」の資料集を何冊か手に入れていたので、なるほどと合点できた。因に、これらの資料集の中からいくつかヒントを得て、童心社の『怪談レストラン』シリーズで使わせてもらった。

正式な講座名は「民間伝承学」。その年のテーマは「民謡」で、先ず子守歌が取り上げられた。先生自身が実際にきき集めた子守歌のプリントをもとにさまざまな角度からの解説があった。そのプリントは数回分ずつ教務にもらいに行くことになっていて、教務ではいつも行列ができていた。そういう情報も掲示板で確かめなくてはならない。なかなか大変なことだった。授業がはじまってからもプリントを入手できていない学生も結構いて、苦労しているのはわたしだけではないと安心することもあった。

授業についていくためには、録音してきき直すことが必要だった。先生の許可を得て、わたしはカセットを持ち込み、できるだけ前の席に陣取って集中することにしていた。当時、カセットはもちろんソニーだった。想像以上に日本のソニーの名は知れ渡っていていいるようで、何人かがわたしのそばに来て、羨ましそうに手に取るということもあった。

ここでは、怖い話を二話紹介しよう。

## ◎お話　その４（怪談）　腕のロウソク

ゴルフィリアーノの近くの村外れに年取った女が住んでいた。

女は毎晩、遅くになると、火のついたロウソクをもった人々の行列が家のそばを通るのを見ていた。

ある晩、女はもっと近くに行ってその行列を見ることにした。

「これはなんの行列ですか？　何を持っているんですか？」

と、行列に向かってきいて見た。すると、一人の男が答えた。

「特別なことじゃないんですよ。ただなんとなく歩いているんです」

女はさらに訊いた。

「私にも一本ロウソクをくださいな。そうすれば私もみなさんといっしょに歩くことができます」

すると、男はだまって自分のロウソクを渡してくれた。そしてまた歩き出した。女は行列の後についた。行列はいくつかの森を抜けて長いこと歩いた。それから自分の家のそばを通ったとき、列からはなれて家にもどった。ロウソクは持ったままだった。その夜、女はロウソクを食卓の上に置き、そのままベッドに行った。

次の朝、女は昨夜ロウソクを置いた場所に男の腕があるのに気がついた。

恐ろしかったけど、その夜、女はその腕を持って行列が来るのを待った。また、夜になって、明かりが近づいて来るのに気がつくと、前の晩、話をしたあの男が近づくのを待った。あの男はすぐにわかった。彼には腕がなかったのだ。勇気のある女は男に腕を差し出した。おどろいたことに、そのとき、腕はまたロウソクに変わっていた。男はなにも言わずにロウソクを受け取ると歩き続けた。女はその行列には、その後、決して加わったりしなかった。

## ◎お話　その５（怪談・伝説）パーティにきた髑髏《されこうべ》

モンテ・ムスカの村に金持ちだが、あまり神を敬わない男がいた。レオンチォという名のこの男が、あるとき宴会をひらき、ダンスパーティをしようと計画した。パーティの前日、レオンチォは崩れかけた石垣に囲まれた古い墓地のそばの道を歩いていた。そのとき、レオンチォはその道に、されこうべが一つ転がっているのをみつけた。この不信心な男は悪ふざけで、即興の歌を歌ってされこうべを蹴った。

されこうべ、されこうべ、
おまえをパーティに招待してやろう。

その日の夕方、レオンチォの家は豪華に飾り付けられ、招待客が到着すると、みんなは飲んだり食べたりした。そしてその後ダンスがはじまった。

真夜中になって、パーティが最高潮に達したとき、戸をたたく音がした。召使いが気がついて戸の方を見てみたが、だれも見えなかった。まもなく、二度目にたたく音がし、ついで三度目も聞こえた。
戸はしっかり閂がかかっていた。だが、いつのまにか、入り口には白いマントに身を包んだ、見知らぬ、品の良い男が立っていた。
男はレオンチォに近づくと、しずかにマントを脱ぎ、されこうべをはっきり見せて、言った。

されこうべ、されこうべ、
おまえをパーティに招待してやろう。

レオンチォの髪は逆立った。見知らぬ男はその髪の毛をつかむと客たちがふるえている中を引っ張っていった。いつまでも、彼の叫び声が聞こえていた。
今でも、冬の夜には、ときどき山々の森の中でから、レオンチォの絶望した叫び声が聞こえてくるということだ。

ATU 470A

## 宗教の多様さ

ここで、ちょっと宗教の話をしよう。あくまでも当時（一九九〇年）の表面的な社会現象としての話だが。

カトリックの大本山ヴァチカン市を内包するイタリアには当然カトリック信者が多いという印象があるが、実際には結構多様な状況のようであった。

ある日、授業の前に女子学生が二人わたしの席に来て、親しげに「わたしたちは仏教徒よ」という。日本人はみんな仏教徒だと思っているような口ぶりであった。また、別の日、語学学校の会話の時間に、だれかが、

「わたしのアパートの階下には仏教徒がいて、毎日、太鼓を叩いて大きな声でなんか唱えている」と言った。

さらにある日、わたしたちのアパートに夫を訪ねてきた日本人のジャーナリストが、フィレンツェで手に入れたという創価学会の会報を見せてくれた。それによると、当時フィレンツェには約五千人の信者がいるということであった。フィレンツェの人口は当時五十万人足らずだったから、かなり多いという印象だ。

また日本では、語学学校で敬虔なカトリック信者の女教師に出会ったし、カトリック教会の神父様に会話と講読を教わる機会もあった。お二人の揺るぎない信仰者としての姿には心打たれるものがあった。そうかと思うと、やはり日本で出会ったイタリア語教師二人がはっきり「無宗教です」というのをきいた。三十代の若い二人には別々の場所で会った

のだが、二人とも「聖書ももっていません」ということだった。

## 子守歌のNの音

ところで、講義の子守歌である。地域によって特徴の異なる歌詞の解説が主な内容であった。音（おん）を数えたり、韻を踏んだりということを、なるほどと感心しながら聞くことになった。民話に挿入される歌を訳すとき、韻には悩まされていたのだが、日本語との違いがいっそう身にしみた。

あるとき、子守歌のオノマトペがニンナ、ナンナとNの音だという説明を何気なくきいていて、思わず手を挙げて、

「日本でも、ネンネンってNの音です」と発言してしまった。このことにあまり意味はないかもしれない。他の国は必ずしもそうではなさそうなので。だが、ちょっと眠くなっていたところを、子守歌のおかげで目が覚めた。

ここでは子守歌の入った昔話を紹介する。

### ◎お話　その６（魔法昔話）　王子の子守歌

昔、あるところに、母さんと三人の娘がいました。一番下の娘は、実の娘ではなく継《まま》

娘《むすめ》でした。

　ある朝、一番上の娘が、畑で大きなキャベツをみつけましたが、引き抜けませんでした。つぎの朝、二番目の娘が行ってそのキャベツを引き抜こうとしましたがやっぱりうまくいきませんでした。最後に末娘のルイゼッラが行ってキャベツを引っ張ると、簡単に抜けました。キャベツのあったところには、大きな穴ができました。ルイゼッラが中をのぞいてみると、穴の中には小さな階段がありました。その階段をどこまでも降りて行くと、大きなお屋敷に着きました。

　そこには美しい若者がいて、ルイゼッラにここにいっしょにいてほしいと言いました。ルイゼッラは、こわくなって逃げようとしました。でも、キャベツがいつのまにか穴を塞いでいて、出ることができませんでした。

　ルイゼッラはしかたなく、そこにいることになりました。そして、ルイゼッラも、少しずつその若者が好きになってきました。それはある国の王子でした。

ところで、どうして王子がこんなところにいたのでしょう。じつはその王子は小さいときに妖精たちにさらわれてきたのです。妖精たちは王子を魔法にかけ、地下のご殿に閉じこめたのでした。

　王子はルイゼッラのためにすてきな服を作らせ、宝石を贈って、女王様のようにあつかいました。

何日かたち、ある日、継母が畑にいると、あのキャベツがあったところに、小さな窓が見えました。のぞいてみると、窓の下に継娘が美しい服を着て、ビロードの椅子に座っているのが見えました。驚いて、母親は、娘に声をかけました。そして、どうしてそんなところにいるのかききました。

ルイゼッラは王子のことを話しました。それを聞くと母親は、さも親切そうに言いました。

「いいことを教えてやろう。王子が眠ったら、真夜中に、ポケットに入っている小さな鍵をとって、シャツのボタンをはずしてごらん。王子の胸に錠前がついているのがわかるはずだよ」

じつはルイゼッラの継母は今は落ちぶれていますが、昔は魔女だったので、そういうことがわかっていたのでした。

夜になって、王子が眠ると、ルイゼッラは継母に言われたとおり、王子の胸のポケットを探って鍵をとりました。そして、シャツのボタンをはずすと、ほんとうに、錠前がありました。おそるおそる錠を開けると、そこは大きい広間になっていて、大勢の美しい娘たちが赤ちゃんの肌着やおむつを作っていました。そこで、ルイゼッラは、娘たちにそれはだれのためのものかとききました。すると、一人が、「これから生まれてくる王子さまの赤ちゃんのものだ」と言いました。ところが、ルイゼッラはがそこから出て錠を閉めているとき、王子が目を覚ましてしまいました。王子はルイゼッラを激しく叱り、二度とそんなことをしてはいけないと命じました。

また別の日、ルイゼッラが、同じところに座っていると、継母の声が聞こえてきました。継母は、自分が言ったことをしたかとききました。ルイゼッラは王子に怒られた話をしました。

「心配することないよ」と継母は答えました。「もし、おまえが、もう一度同じことをしたら、王子はおまえをもっと愛してくれるよ」

継母の言葉を信じてしまったルイゼッラは夜になり、王子が眠るとまた鍵をとって、もう一度あの大広間に入り、あの美しい娘たちが仕事をしているのを眺め、それから出てきました。でも、鍵を閉めているとき、王子は目を覚まし、前の時よりもっと怒って、ルイゼッラに言いました。

「なんということをするのだ。もう一度やったら、おまえを追い出すぞ」

この言葉にルイゼッラはすっかり怖くなりました。

またしばらくして、継母がやってきて、うまくやったかと聞きました。ルイゼッラはその通りやったと答え、王子に、今度やったら追い出すと脅されたとも言いました。

「ばかだねえ」と継母は言いました。「おまえを愛してるからそんなことを言うんだよ。でも、おまえがもう一度おなじことをやったら、もっと愛してくれるよ」

ルイゼッラは怖くなりました。でも、継母がもう一度するようにうるさく励ましたので、その夜、王子が眠ると、またルイゼッラは鍵をとり、シャツのボタンをはずし、胸を開けてあの大広間に入りました。そして、いままでのように、あの娘たちとおしゃべりし、そこから出ました。でも、鍵を閉めているとき、王子は目を覚ましてしまいました。

王子は怖い顔をして言いました。

「おまえは私の言うことを聞こうとしなかった。おまえはここを出て行かなければならない」

ルイゼッラは泣いて、彼女がそうしたかったのではなく、継母に助言されたのだと言いましたが、王子は聞こうとしませんでした。ルイゼッラは追い出されることになりました。でも、出て行く前に、王子は糸玉を一つ渡して言いました。

「この糸玉を投げて糸玉の転がる方に歩いて行くがいい」

娘がどこまでも、どこまでも歩いて行くと、糸玉はちょうど王宮の門の前で止まりました。ルイゼッラは足を止め、門番に施しを求めました。たまたま窓から王の娘が顔を出していました。施しを求めている娘がとても美しく、それにおなかが大きいのを見ると、母親のところに駆けていき、下に美しい娘がいて、施しを求めていると言いました。そして、赤ちゃんが産まれそうだから、その娘を上に上げて、休む部屋を与えてあげてと頼みました。王妃はその言葉を聞いて、その娘に宮殿の隅の、小さな部屋をあてがうように命じました。その部屋は牢獄の真向かいにありました。

ほどなく、子どもが生まれました。とても美しい男の子でした。王妃と娘は、その子を見て、いなくなった王子に似ていることに気がつきました。

次の夜、ちょうど真夜中に、ルイゼッラは窓が開く音を聞きました。すると、あの王子が入ってくるのが見えました。王子は子どもが寝かされている揺りかごに近づくと、歌いはじめました。

ねんねん　我が子よ、
ねんねん　パパの愛し子よ、
もしも、お祖母さんがこのことを知ったら、
金の揺りかごを作り、
金のむつきで包んでくれるだろうに。

もしも、雄鶏が鳴かず
鐘が鳴らなかったら
一晩中、ここにいられるだろうに。

それから、子どもにくちづけすると、入ってきたところから急いで出ていきました。向かいの牢獄にいた囚人たちは、この悲しげな歌を毎晩聞かされて、眠れないと文句を言うようになりました。王妃がそれを聞き、夜になると、だれが入ってくるのか確かめに、ルイゼッラの部屋のそばに隠れて待っていました。すると、ちょうど真夜中に、窓が開くのが聞こえ、誰かが入ってくるのが見えました。そして、歌声が聞こえました。

ねんねん　我が子よ、
ねんねん　パパの愛し子よ、
もしも、お祖母さんがこのことを知ったら、
金の揺りかごを作り、
金のむつきで包んでくれるだろうに。
もしも、雄鶏が鳴かず

鐘が鳴らなかったら
一晩中、ここにいられるだろうに。

王妃には、それが誰の声かわかりました。王子が赤ちゃんにキスし、妻に平手打ちを食わせようとしたとき、王妃は戸を開けて、言いました。

「おやめなさい。この人はあなたの妻です。あなたは、この人を王の息子の妻として尊敬しなければなりません」

それから、王妃は、一日だけ雄鶏の鳴声が聞こえないように鶏小屋を朝になっても暗くしておくように、そして、教会の鐘を一日だけ鳴らさないように村中におふれをだしました。

計画はうまくいきました。こうして、王子にかけられていた魔法は解けました。王妃はよろこんで、ルイゼッラを王子の花嫁として迎え、盛大な祝宴を開きました。

ATU 425E

## ベファーナの夜

イタリアの新学年は秋も深まるころにはじまるので、学校に通いはじめると年末はじきにやってきた。ある日、ヴェントゥレッリ先生は、一月五日の公現祭への出席者を募った。公現祭というのは、東方の三博士がイエスの誕生を祝いにベツレヘムを訪れた記念の日である。暮れのうちから、フィレンツェの商店街のウインドウには箒に乗った魔女が飾り付けられる。子どもたちは魔女ベファーナがプレゼントを持ってきてくれるのを楽しみにしているということであった。

一方、親の方は、クリスマスが終わったばかりなのに、またプレゼントを用意しなくてはならず、大変だときいた。

先生の実家のあるガルファニャーナ地方では、夜に行われるベファーナの古い行事を守りつづけていて、先生は毎年そこに学生を連れて行くということであった。

行事の説明の後、とつぜん、先生はわたしの方を見て、

「行きたいか?」ときいてくれた。わたしは、

「行きたいです。でもどうやって行けばいいかわかりません」と答えた。すると、先生は一人の女子学生の方を見て、

「連れていってくれるか?」ときいた。パオラというその女子学生は気持ちよく承知して

くれた。パオラはときどきバイトの都合とかで講義を休むことがあったが、そんなとき、わたしは求めに応じて録音したカセットテープを貸してあげていた。

一月五日の夕方、パオラとわたしは彼女のフィアンセが運転する車で、ガルファニャーナに向かった。ガルファニャーナは、フィレンツェから西に車で一時間余の町ルッカから、セルキオ川に沿って北にひろがる山地である。夏には観光地にもなる風光明媚な地帯で、鍾乳洞があるともきいた。夕暮れ時、こんな山の中を行くなんて、パオラが承知してくれなければとても無理なことだった。パオラに気前よくテープを貸してあげていてよかったと思った。パオラは外国からきたわたしに気軽にテープの借用を申し出るだけあって、何かにつけて積極的なところがあり、そういう性格を見込んで、先生も名指しされたのかもしれない。一見偶然に見えることにも何かしら必然はあったのだろう。いずれにせよ、わたしはこのあともたびたび良い出会いに恵まれることになる。そもそもヴェントゥレッリ先生との出会いからして、そうであった。I子先生がわたしの旅の目的をきいてくださったとき、外交辞令だと思って遠慮していたら、なにごとも起らなかっただろう。やはり、「叩けよ、さらば開かれん」だろうか。信仰のない者の勝手な解釈だが、求め、努力することで開かれる道はあるのだと思う。

さて、わたしたちは教授の自宅でクッキーなどをいただきながら、夜が更けるのを待っ

ベファーナの行事に出発　アコーディオンをひく村人と学生たち

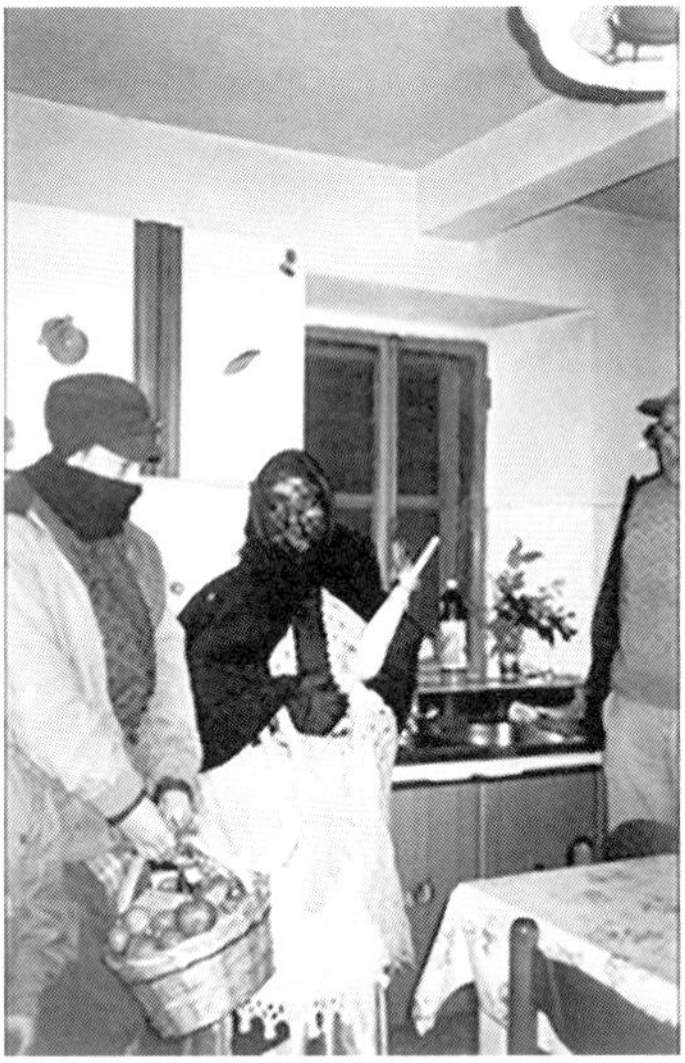

ベファーナとベファーノに扮した村の若者たち

た。学生は男女合わせて十数人というところだっただろうか、やがて先生に促されて、集落の中心部に向かうと、村の人々がすでに集まっていた。アコーデオンや縦笛を演奏する村人たちといっしょにわたしたちが歩き出すと、長い糸巻き棒をもったベファーナ（女）と篭をもったベファーノ（男）に扮した村の若者が合流した。わたしたちには歌詞カードが配られた。歌詞カードは大事にとってあったのだが、引っ越しに紛れて見つからなくなってしまった。ベファーナが祝福に来てくれたことを喜び、感謝するといった内容で、キリスト以前の古い伝承とキリスト

パーティの最中、昔話を語り出すおじさん。右はパオラとフィアンセ

の伝承が結びついているような印象をもったが、確かめられず、残念だ。

一行が一軒ずつ戸を叩き、祝福の歌を歌うと、家人が出てきて、ベファーノの持つ篭に果物やお菓子を入れてくれる。そうやってすべての家を廻り、夜更けに最後の家に着くとすぐ、パーティがはじまった。広い客間に並べられたのは各戸でもらってきたお菓子や果物だった。会場にはほかにも飲み物やパンが用意されていた。

めいめいがしばらくおしゃべりに興じたあと、突然一人のおじさんが立ち上がって、身振りよろしく何か話しはじめた。

「ほら、昔話がはじまったよ」

と、傍らの先生が教えてくれた。だが、やはりその方言は、ほんの少ししか聞き取ることができなかった。聞き取れたいくつかの単語から、それが「雄牛になった市長」という笑い話であることだけは推察できた。イタリアに来るまでに、イタリアの昔話の資料はかなり読んでいて、話の内容は頭に入っていたのだ。昔話だけでなく、大学の講義も、よく知っている内容のことなら、かなりの程度、聞き取れることは経験ずみであった。でも、すべてを理解することが難しいこともよくわかっていた。

帰りの車の中でパオラに、

「どうだった？」ときかれて、わたしが、

「行事は面白かったけど、あの話はよく聞き取れなくて残念だった」

と答えると、

「そんなこと、気にしなくて大丈夫、わたしにだってよくわからなかったもの。すごく訛《なま》ってたよね」

と、慰めてくれた。でも、理解の程度は同じではなかったはずだ。こういう雰囲気の中で昔話が話される習慣があるのだということがわかっただけで、満足しなければならなかった。

そのころから、イタリアで出版される資料集は、イタリア語と方言の対訳が一般的となっていた。外国人向けのサービスというわけではなかっただろう。イタリア人にも、他の地方の方言を理解することが難しいことがわかってきたからだろうと思う。イタリアは長い間小国に分かれていたので、地方差はとくに大きいのかも知れない。

そのあと、まだ、真っ暗な中を、パオラたちはこじんまりした山の中のホテルに連れていってくれた。ホテルの予約は、パオラに勧められてフィレンツェからすでに済ませてあった。翌朝、パオラたちは観光旅行に行くということで、わたしが寝坊している間に出発していた。起きて見ると、ホテルは緑一色の山の中にあった。わたしはホテルの隣のバールで、菓子パンとカプチーノというトスカーナ式朝食を済ませ、近くの鉄道の駅から一人でフィレンツェに戻った。

## ペルポリへ

フィレンツェ大学のヴェントゥレッリ教授の実家のあるガルファニャーナは、トスカーナ地方の西北一帯を占める山地である。その山地の尾根の上に村が散在している。尾根から見ると谷底のような所にも集落は点在しているようだった。

フィレンツェから西へ、なだらかな山麓を走る鉄道は、ティレニア海に出る手前の城塞都市ルッカで分かれ、セルキオ川に沿って北上する。

山に雪の消えた二月のはじめ、わたしと夫は列車でガルファニャーナに向かった。ルッ

セルキオ川に沿ってガルファーニャを走る列車の窓から。
アルプス連峰が遠望される。

カで乗り換えてセルキオ川の清流を見下ろしながら北上する車窓からは、ときどき、雪を抱くアルプスと思われる高山が見えた。

約四十五分で小さな駅に着くと、そこにはヴェントゥレッリ教授が出迎えてくれていた。そこからさらに教授の運転する車で三十分ほどかかった。わたしは助手席に乗せてもらったのだが、先生は運転しながら、なにかと話しかけてくれる。わたしはそれに答えるのだが、先生はその都度、わたしにちゃんと顔を向けて話してくれるのだ。それを見かねて、夫がうしろの席から、危ないから、と注意する。車は狭い山道を走っていた。右側は深い谷だった。イタリアの男性は話すときちゃんと相手の目を見て話すことに気がついていたが、運転中も律義にわたしの目を見て話してくれていたのだ。

着いたペルポリ村は尾根の村であった。

## テレーザ一家の語り

待っていてくれたのは、当時九〇歳のテレーザと、十七歳、高校生の孫娘のジョヴァンナであった。ほかに、ジョヴァンナの叔父さんで小学校教師のオズワルドが顔を出した。彼は教授の小学校の同級生ということだった。

暖炉の前の肘掛椅子はテレーザの場所だったが、暖炉に火はなく、別に今風のストーヴが部屋を暖めていた。洗濯物がぶら下がっていたのはご愛敬だった。

テレーザは淡々とした口調で語り出した。愚か者が引き起こす、さまざまな出来事が続けて語られた。わたしは一応、用意してきたカセットテープで録音はしたが、ヴェントゥレッツリ教授と知り合ってからは、記録はすべて先生にお任せする気になっていた。外国人であるわたしが生半可な語学力で立ち向かうことの難しさを、いやというほど知らされていたからだ。教授は方言研究者でもあり、昔話の記録についての考えもじつに厳格であった。

テレーザのつぎに孫娘のジョヴァンナが語りはじめた。ちょっと早口で聞き取りにく

語るテレーザとヴェントゥレッリ教授

かったが、内容はテレーザの語ったのと同じ、愚か者話だった。この手の愚か者話はいくつもエピソードをつなげて行くのが特徴で、このときも、ジョヴァンナはテレーザよりエピソードをふやしていた。テレーザは孫の発表会に立ち会っているという感じで、ときどき口を挟みたそうにしていた。ジョヴァンナの語りはちょっと早口で一本調子の感じがあったが、彼女は学校でもクラスメイトたちに語ることがあると言っていたから、いずれすぐれた語り手になるだろうと思われた。

ジョヴァンナが語り終わると、予定になかったオズワルドが、

「おれだって話せる」

と、いい出した。教授はちょっと疑わしそうにしていたが、「よかろう」

ということになった。小学校で子どもたちに話すことがあるということだった。語り出したのは「竜退治」だった。これはかなり長い話である。語り慣れた人の語りではなく、ちょっと、つっかえ、つっかえ、一生懸命話しているという感じであったが、小学校で教えているというだけあって、なんといっても言葉がわかりやすかった。この土地の訛りもなかった。延々四十五分もかかったが、ちょっと馴染のあり過ぎる内容が気になった。

教授も気になったと見え、オズワルドが語り終えると、すぐに、テレーザに「この話を知っているか」とたずねた。テレーザは「知らない」と答えた。オズワルドは、「畑を耕しながら親父が話してくれたんだ」という。

教授はちょっと疑わしそうに、今度はジョヴァンナにきいた。

「この話は知っているけど、本で読みました」とジョヴァンナは答えた。そして、奥に駆けて行って持ってきたのは、子ども向けのグリム童話集だった。今度はわたしに質問が向けられた。わたしもグリムかも知れないとは思ったが、こんな山の中まで来て、グリムでは残念だという思いで、

「わたしもこの話は読んだことがあります。バジーレだったかしら、ストラパローラだったかしら……」と言葉を濁した。せめてイタリアの古い昔話集から口承に降りた話であって欲しかったのだ。

だが、その次の週に大学でわたしの顔を見ると、教授は言った。

「あれはやっぱりグリムだよ。親父にきいたなんて言ったけど自分で読んだんだ、きっと」

オズワルドが故意に嘘をついたのではないだろう。たしかにいくつかの話を父親にきいたことはあったのだろう。そして、この話もその一つだと思い込んでいたのかもしれなかった。

だが、かつてグリムがマリーからきいた「長靴をはいた猫」をペローの話だとして、退けたように、ヴェントゥレッリ教授もこれをイタリアの話とは認めたくなかったのだろう。わたしも残念だったが、これが現実であることも納得していた。

ペルポリに話を戻そう。その日、ジョヴァンナはもう一話、「歌う骨」という昔話を語ってくれた。その話が終わると、すぐ、教授が続けて歌いはじめた。

♪　おお、パストリーノ（羊飼い）、おお、パストリーノ。

すると、オズワルドも続いた。この話に挿入されるはずのこの歌をジョヴァンナが省略してしまったからだった。

今回紹介するのは、このとき語られた話ではないが、同じタイプの話である。イタリアにたくさんあるなかから、短めの話を選んだ。

### ◎お話　その７（魔法昔話）グリフォン鳥の羽根

昔あるところに、王さまがいて、三人の王子がありました。

あるとき、王さまは目の病気にかかりましたが、この国には、この病気を治すことのできる医者は一人もいませんでした。

あるとき、王さまのところに、遠くから一人の老人がやってきて、いいました。

「この病気を治すには、グリフォンという鳥のくちばしの上にある羽根をとりに行かなければなりません」

グリフォンというのは、口から炎を吐き、鋭い爪のついた伝説の鳥です。

その鳥を探すために、まず、上の二人の王子が出発しました。

どこまでも、どこまでも行って、高い山の麓の草原に着きました。その山の頂上にグリフォンが棲んでいると聞いてきたのです。その草原は愛の原と呼ばれていて、そこには一人の隠者が住んでいました。隠者は、グリフォンに食べられてしまうから、上に行ってはいけないといいましたが、二人は隠者の忠告を聞かず、進んで行きました。そして、グリフォンが吐く火と煙にあたって、倒れてしまいました。

二人がいつまでも帰ってこないので、とうとう末の王子がいいました。

「父上、こんどは私が行きます」

父親は末の王子を行かせたくありませんでしたが、引き止めることはできませんでした。

末の王子はどこまでもどこまでも進んで行って、とうとう愛の原に着きました。そして、兄さんたちが出会った隠者に会いました。隠者は七枚の刃のついた剣をくれて、使い方を教えてくれました。その七枚の刃でグリフォンの頭を一つずつ切ること、そして、一番大きい頭のくちばしの上にある羽根をとってくるようにといいました。王子は教えられた通り、山の上まで行って、グリフォンをみつけると、すぐさま、七つの頭を切り、七枚の舌を切り取りました。そして羽根をとると山から下りました。それからまず、兄さんたちと馬をさがし出しました。兄さんたちは死んだようになっていましたが、グリフォンの羽根で触ると、生き返りました。末の王子は兄さんたちを連れて帰ろうとしました。でも、兄さんたちは、グリフォンの羽根をとってきた弟が嫉ましくなっていたので、すぐには帰ろうとせず、

「この草の上で少し休もう」といいました。

弟はとても疲れていたので、すぐにその場で眠ってしまいました。

兄さんたちは、弟が眠っている間に、弟を傷つけ、そこに置き去りにして、父親にグリフォンの羽根をもって帰りました。そのまま放っておけばそのうち死ぬだろうと考えたのです。

帰ってきた二人を見て、王宮ではみんな大喜びしましたが、あんまり王子たちが自慢するので、王様は、すなおに喜ぶことはできませんでした。

王様は、兄弟が三人揃ってから、褒美を与えることにしました。

でも、末の王子は一向に帰ってきませんでした。

ところで、兄さんたちは弟を傷つけて、そのまま帰ってきましたが、弟は死んでいたわけではありませんでした。やがて、起き上がり、葦原まで行ってそこで、休みました。そして元気を取り戻すと、自分を父親の家に運んでもらうために、葦に変身しました。

さて、一人の羊飼いがその葦原を通りかかり、美しく太い葦を見つけて、笛を作ろうと思って、切りとりました。笛はでき上がるとひとりでに鳴り、こう歌いました。

おお、羊飼いさん、美しい羊飼いさん、
私は愛の原で殺された。
愛の原でグリフォンの羽根を

私がとったからといって。

その羊飼いは、この、ひとりでに鳴って歌う笛をもって、あちこちに行きました。やがて、そのうわさを聞いたあるおじいさんとおばあさんが、羊飼いにいいました。

「その笛をもって王様のところに行くといい。きっと、たんまりお金がもらえるよ」

そこで、羊飼いは王様のところに行きました。

王宮では、兄さんたちが弟そっくりの声で鳴る笛の音を聞いて、真っ青になりました。一方、王さまは笛の音を聞くと、自分で鳴らしたくなりました。王様が笛を口に当てると、笛はこう歌いました。

ぼくが小さかったとき、あなたはぼくにキスしてくれた、
そして、ぼくが大きくなったら、あなたはぼくを待っていてくれていた。
父さん、ぼくはもう、ここに来ている。
グリフォンの羽根をとったのはぼくだよ、父さん。

そこで、王様は兄さんたちについていた召使いを全員追い出し、新しい召使いを雇いま

した。それから、あの葦の笛をもって部屋に篭り、銀のナイフで切り開きました。すると、末の王子がとびだしてきました。その時になって初めて、王様はグリフォンの羽根で目をこすりました。すると、たちまち王様の目は治りました。

それから、上の二人の王子を追いだしました。

ATU 780

## ペトロニョーラへ

### イリーデの語り

次にガルファニャーナに行ったのは、二月に山に降った雪がやっと解けた三月初めの日曜日だった。前回のペルポリ村よりさらに北にあるペトロニョーラ村だ。

かなり近代的なしつらえのお宅だったが、居間には昔風の石造りの暖炉があり、中では太い薪が燃えていた。ただ、部屋に大勢押しかけたせいで酸欠状態になり、火が消えかけて、あわてて窓を開けたという騒ぎがあった。昔のように隙間だらけで風通しが良いという家ではなかったのだ。今回は、ヴェントゥレッリ教授が同僚の先生を連れてこられ、またベファーナの夜、わたしを車で連れていってくれたパオラがフィアンセといっしょに参加したり、語り手の孫とその友達の近所の子どもたちも大勢できていたりと、だいぶ賑やかだった。

今回の語り手は六十歳のイリーデだった。父親がプロ級の語り手だったということで、その語りを受け継いで、かなり派手な身振りをともなう語りであった。前回のテレーザの「静」と比べるとイリーデは「動」といえるが、これだけで、どちらがイタリア的だなどとはいえないだろう。

イリーデの語りは方言だったが、わたしに対するサービスということで、一話だけ標準語できかせてくれた。この世代はおそらく普段も標準語で話しているのだろう、伝承された昔話を語るときだけ、方言を受け継いでいるのだと思われた。

聞かせてくれた話はやはり、愚か者の話だった。このとき聞いた話ではないが、同じタイプの短めの話を一話紹介する。

### ◎お話　その８（笑話）ピーノの話

むかし、あるところに、貧しい女がいて、男の子を一人もっていました。この子のほんとの名前はわかりません。でも、みんなは、ピーノと呼んでいました。ピーノというのは松の実のことですが、この子の頭は、まだ青い松の実みたいに固かったというわけです。まあ、おばかさんだったといってもいいでしょうね。

ある日のこと、ピーノがなんにもしないで、ぶらぶらしていたので、母さんがいいました。

「なんにもすることがないんだったら、母さんの織った、この布を売りに行ってきておくれ。だけど、おまえのことをばかにして、からかうようなおしゃべりには売っちゃいけないよ。無口な人に売るんだよ。わかったかい？」

「わかったよ」とピーノはいって、布をもって市に行きました。

市では、大勢の人が寄ってきて、その布はいくらかと聞きました。いい値段で買うという人もいました。けれども、ピーノはいいました。

「あんたたちには売らないよ。しゃべりすぎるんだもの」

その朝いっぱい、そんなふうに、市をまわりましたが、布を売りたい人はみつかりませんでした。だれもかれも、おしゃべりに見えたのです。昼がすぎて、どの店もしまいかけたので、ピーノも家に帰ることにしました。

途中までくると、十字路の角に聖人を祀った祭壇がありました。ピーノはその陰で一休みすることにしました。祭壇のなかには聖人の像が、ひっそりと立っていました。ピーノは急に思いついて、聖人に声をかけました。

「この布を買いませんか？」

聖人は答えません。

「買うんですか、買わないんですか？」

　やっぱり、聖人はだまっています。

「母さんが言っていた無口な人っていうのは、こういう人のことだな。おいら、あんたが気に入ったから、あんたに売ることにするよ」

　そういうと、ピーノは布を聖人の腕の上に置きました。聖人の両腕は、人々を祝福するように前に差しだされていて、布を置くには具合がよかったのです。

　それから、ピーノはいいました。

「値段は百スクード*だよ、いいね？」

　でも、聖人は、やっぱりだまっていました。

「だまってることは、文句はないってことなんだね。あとで、取りに来るから払っとくれ」

　石膏でできた古い像は、頭が少し壊れていたので、針金で首を修理してありました。それで、風が吹くと、頭が揺れて、うなずいているように見えました。それを見て、ピーノはうれしくなりました。

「母さんがよろこぶぞ。こんな、無口な人をみつけたんだからな」

　でも、母さんは喜びませんでした。ピーノの話を聞くと、今すぐ、布を取り返してこいと言って、追いだしたのです。

　聖人の像のところにもどると、もう、布はありませんでした。だれかが持っていってしまったのでしょう。でも、ピーノはいいました。

「お金をもらいに来たよ」

　聖人は、やっぱりだまっていました。

「払わないんなら、布を返しとくれ」

　それでも、像はだまったままでした。

「ひどいやつだ。よくも、だましたな！」

　ピーノはそういうと、石を拾って、聖人の像に向けて投げつけました。壊れかけていた古い像は、かんたんに割れてしまいました。すると、中から金貨がざらざらこぼれ出てきたのです。だれかが隠しておいたのでしょうか。

「ああ、払ってくれるんだね。これが布の代金なんだね。それじゃ、もらってくよ」

　ピーノは金貨を拾い集めると、家に持って帰りました。

　母さんは、ピーノが持って帰った金貨を見てびっくりしました。でも、事情がのみこめると、母さんは、急いで金貨を鍋にいれて、ベッドの下にかくしました。それから、屋根に上ると、庭で口笛を吹きながら歩き回っている息子の上に、干しイチジクやら、干しぶどうを、まきちらしました。

次の日、ピーノは金貨をみつけたことを近所中にしゃべってまわりました。何日かして、それを聞きつけたおまわりさんが、ピーノの家にやってきて、母さんをおどしました。

「息子さんが聖人の像で、金貨を見つけたそうですが、それがほんとなら、出してもらいましょう。だまってもっていると罪になりますよ」

「とんでもない、あのばか息子のいうことなんか信じないでくださいよ。どんなにばかだか、ちょっと本人に聞いてみてください」

そこで、おまわりさんはピーノに聞きました。

「聖人の像のとこで、お金をみつけたって、ほんとかい？」

すると、ピーノは得意そうに答えました。

「ほんとだよ、あの、干しイチジクと干しぶどうが降った日にね」

そこで、母さんはいいました。

「お聞きになりましたか。この子がどんな頭をしてるか、わかったでしょう。こんなばか息子のいうことなんか本気にしないでくださいよ」

おまわりさんは、納得して、帰っていきました。

母さんは、隠したお金を、息子に知られないように、少しずつ大事に使ったおかげで、それからというもの、暮らしに困るようなことはありませんでしたって。　ATU 1696

＊百スクーディ　スクーディは、第二次世界大戦直後まで使われていたイタリアの通貨。円との換算は難しいが、この場合、妥当な値段だと思われる。

この日、集まった子どもたちはイリーデの話を興味深そうにきいていた。教授が、その子どもたちに、

「だれかお話できる者はいないか?」とたずねると、一人の男の子が手をあげた。

中学一年だというマウリツィオは早速語りはじめた。それはグリムの「赤ずきん」だった。マウリツィオは標準語で話した。すると、先生は、

「方言でも語れるか?」と訊いた。

「はい」と答えて、マウリツィオはまた、よどみなく方言で語った。先生はさすがに驚いて、

「ほーオ、たいしたものだ。これからもぜひ続けるんだな、ときどきイリーデさんのお話もきくといいよ」と言った。

語るイリーデとオープンリール

先生はこうやって、未来の語り手を育てようとしていたのかもしれない。

マウリツィオは中学一年生だと言ったが、イタリアでは小学校が五年までしかないので、日本式に言えば小学校六年生だ。

この辺鄙な地方から出た希望の星でもある先生がこうして熱心に集めているものにはきっと素晴しい価値があるのではないかと思わせてくれているのかもしれない。

## 帰国して

帰国の期限が迫っていた。もう一年延ばしたいのはやまやまだったが、多分、それは贅沢な願いだった。それに、今回のわたしの立場は、あくまでもヴェントゥレッリ先生の仕事の現場に立ち会うというだけで、自分で新しい語り手を開拓できるというわけではなかった。そこは冷静に判断し、先生が資料集を出す度に送ってくださるという約束をしてくれただけで満足するほかなかった。

## 小旅行とさらなる出会い

フィレンツェに一年間暮らしている間に、他の地方にも何度か小旅行を試みた。暮れにはヴァチカンのサン・ピエトロ広場でキリスト生誕の場面を再現した大きなプレゼピオ*に出会った。小さなものは、ガルファニャーナの教会に飾ってあるのを見る機会があったし、フィレンツェでは店先でも見かけたが、こんな大きいものは初めてだった。等身大という感じだった。

また、旅先では本屋に入ってその土地の昔話集を探すようにしていた。あるとき、中部アブルッツォ地方の小さな町の本屋で小型の昔話集をみつけた。これは、読みたいけれど読めなかった方言の資料集を標準語に直した上で、何冊かの小冊子に編集し直して売り出したものらしかった。

この冊子については、帰国後、嬉しい出会いがあった。少しは進歩したイタリア語を忘れないうちにと、個人レッスンを求めて入校したベルリッツ町田校でのことである。担当

ヴァチカン広場のプレゼピオ

の男性教師とおしゃべりをするうち、彼がアブルッツォ出身だということがわかり、そして、お母様が、例の昔話集の愛読者だということがわかったのだ。信じられない思いで、その本を注文したいとお願いした。先生は早速お母様に連絡してカタログを取り寄せてくださった。そして、わたしの持っていない巻をチェックしてお母様に知らせてくださり、お母様からまもなく数冊の本が送られてきた。

＊ キリスト生誕の場のミニチュアのことをプレゼピオというが、この場合は等身大に作られていた。

## ◎お話　その９（魔法昔話）赤い帽子

昔あるところに三人の息子をもった父親がいました。

いよいよ最期が近づいたと思った父親は息子たちをよびました。

まず、一番上の息子のロッコに言いました。

「おまえにはこの財布を残してやろう。お金を取り出しても取り出してもまたふえる財布だ」

二番目の息子には、

「おまえには、かぶると姿が見えなくなる帽子だ」

そして、三番目の息子には、

「おまえにはこの笛をやろう。これを吹くと、それを聞いた者はだれでも踊りたくなる」

そう言うと、父親は息をひきとりました。

息子たちは、いよいよ世の中へ幸運を探しに行く時がきたのだと、心を決めました。

三人は家を出ると、どこまでもどこまでも歩いて行って、やがて大きな町にやってきました。町には豪華な宮殿がありました。

その町は賭事の好きな気難しい女王が治めていました。だれ一人ゲームで女王に勝つことができる者はいませんでした。

父親から財布をもらったロッコは女王と勝負をしようと考えました。でも、想像していた通り、ロッコは一度も勝てませんでした。何度やっても女王が勝ちました。それでも、若者の金はぜんぜん、なくなりませんでした。

女王はこの若者にどうしてそんなにお金があるのか知りたいと思いました。ロッコは無邪気に魔法の財布のことを話してしまいました。そのとたん、財布は、無理やり取り上げられて、大広間の中央に鎮座する大きなタンスの中に七つの鍵をかけてしまい込まれました。

財布を取りかえそうと、ロッコは中の弟に助けを求めました。そして、魔法の帽子を貸してもらいました。ロッコは帽子をしっかりかぶり、女王のいる王宮にもどりました。召使いたちに見つからずに、宝石やほかの金製品をポケットに詰めました。そして、あの財布も取り返えそうとしました。でも、大きなタンスを開けることはできませんでした。一方、女王は多くの金製品がなくなったことに気付き、召使い全員を厳しく監視しました。忠実な監視人が大広間のすべての隅に配置されました。でも、宝石はあいかわらず、なくなりつづけていました。

ところが、ある日、姿のみえない泥棒、ロッコは間違いを冒してしまいました。いつものようにポケットを一杯にしていると、隅の柱に頭をぶっつけてしまい、帽子が飛んでいってしまったのです。たちまち、みつかって、女王の前に連れて行かれました。女王は姿が見えなくなった秘密を知りたいと思いました。秘密を明かせば大目に見るというのです。

他に方法はなかったので、ロッコは秘密を明かしてしまいました。たちまち魔法の帽子は取り上げられて大きなタンスに仕舞われてしまいました。

もう、最後の手段しか残っていませんでした。末の弟から、あのだれでも踊り出す笛を借り、旅の笛吹きに変装して、女王の宮殿にまた入れてもらったのです。そして、早速笛を吹きはじめました。女王も召使いもみんな踊りはじめました。踊って、踊って……女王はとうとう我慢ができなくなって、いいました。

「いったい、どんな魔法のせいで、踊り続けなくちゃならないのだ？　その笛の魔法なのかね？」

そう言って、召使いたちに、あやしい笛吹きから笛を取り上げるように命じました。

踊りは止みました……そして、その笛もタンスの中の財布と帽子の仲間となってしまいました。

何もかもなくしたロッコは赤い帽子をいくつか仕入れて、肩にかつぎ、買い手を求めて、町や村を歩きまわりました。

「赤い帽子を買わんかね？」

村の市でそう叫びましたが、商売はうまくいきませんでした。疲れきったロッコは、家に帰りかけました。

たっぷり歩いた頃、樫の木の深い森にやってきました。ロッコは赤い帽子をかぶったまま、疲れ果てて木の下で、深い眠りに落ちました。

木の上にいた猿たちが、奇妙な赤い物をかぶった怪しい男を見て、それを真似しようと思って、売り物の帽子をぜんぶ盗むと、それぞれが頭にのせて、木のてっぺんにもどっていきました！

長い眠りからめざめて、ロッコはなげきました。

「ああ、困った！　帽子がぜんぶ盗まれてしまった。これから、さいしょに行き当たった川で溺れ死んでしまうしかなくなった！」

そういうと、絶望のあまりさけびごえをあげながら、自分の帽子を空に向かって投げ上げました。ところが、木の上にいた猿たちが、すぐにまねをしました。すると、木の上から帽子の雨が降ってきたのです。若者がよろこんだこと！

帽子を拾い集めて、また、元気をとりもどして歩き始めましたが、こんどはおなかが空いてきました。あたりには家らしいものも、小屋もありませんでした。見渡す限り、木、また木しかありませんでした。

とつぜん、イチジクのいっぱいなった巨大な木が目に入りました。信じられない思いでした。ロッコはその木に登ってたらふく食べ、おなかがいっぱいになって木からおりようとしたら、降りられなくなっていました。長い長い尻尾が生えていて、それが木の枝に巻きついていたのです。

そのとき、一人の妖精が通りかかりました。

「美しい方」とロッコは泣きながら叫びました。「お願いです。この尻尾からたすけてください！」

「そばの桃の木に手を伸ばして、実を食べてご覧なさい」

妖精はそう答えると消えました。

ロッコは桃の実を一つとって食べてみました。尻尾は少し短くなっていました。そこでまた、少しずつ桃の実を食べるうち、尻尾は少しずつ短くなり、とうとうすっかり消えてしまいました。こうして、桃の木から降りると、赤い帽子をぜんぶ捨ててしまい、代わりにイチジクをとって、箱に詰めました。

そして、あの町にやってきました。王宮では、あの気難しい女王が、イチジクに目がなかったので、箱の半分を買わせ、一人で全部食べてしまいました。そのあいだに、ロッコは、姿を消していました。

女王は立ち上がろうとしましたが、立ち上がることができませんでした。長い尻尾が生えて、ひじ掛け椅子に巻きついていたのです。そこで、国中の名高い外科医がぜんぶ呼ばれました。尻尾は何度も切られましたが、無駄なことでした。何度でもまた生えてくるのです。

悲嘆にくれているとき、そこへ、ロッコが外科医に扮して、あらわれました。

「陛下、私はあなたを治すことができます。ただ一つ条件があります。宝物部屋にある大きなタンスの鍵を下さい！」

「よろしい、そうしましょう」と女王は答えました。

ロッコは桃の箱を女王に差し出して言った。

「食べてください。わかります！」

女王は桃を全部食べました。数時間のうちに尻尾はすべて消えました。

一方、ロッコはそのあいだに大きなタンスを七つの鍵で開け、財布と帽子と笛を取り返して女王の宮殿を出ました。

ロッコを迎えた弟たちは大喜びしました。みんなは抱きあい、あの忌まわしい町からできるだけ遠くに逃げていきました。

あの女王はですって？
気の毒に、尻尾のことを思い出しては震えていたんですって。　　　　　ATU 566

## 論文のヒントをもらう

ベルリッツではもう一つ出会いがあった。二講座受講していたのだが、もう一人の女の先生に、「子どものころ昔話をきいたことがありますか？」と質問してみたのだ。するとと彼女は思いがけないことをいい出した。「赤ずきんちゃん」の話をきいて怖くて眠れなくなり、今でもトラウマになっているというのである。

一般によく知られたドイツの『グリム童話集』の「赤ずきん」では、オオカミに呑み込まれた赤ずきんは、猟師に助け出され、〈めでたし〉で終わっている。ところが、これに先立つフランスの『ペロー童話集』の「赤ずきんちゃん」では、オオカミに呑込まれたまま助け出されずに終わっているのである。先生がきいたのはペローの「赤ずきんちゃん」だったようだ。この「赤ずきんちゃん」については、その後、面白い経験をした。

イタリアから帰ってきたあと、日本女子大で講座を持つことになり、授業でペローの「赤ずきんちゃん」のコピーを配ったときのことである。
「途中までしかありません」という声がいくつか上がった。

「いいえ、それで全部です」と答えたとたん、「ひーっ！」という悲鳴があがったのだ。こっちがびっくりした。そして、ベルリッツの講師の「トラウマ」を思い出した。グリムの「赤ずきん」しか知らない者にとっては、赤ずきんが狼に食われて終わるという結末は残酷で受け入れがたいものであったらしい。

ところで、イタリアには「カテリネッラ」という話がある。前段の状況は違うが、女の子が恐ろしい敵に徐々に脅かされながらついに食べられるという状況が一致するということで、「赤ずきん」に分類されている。そして、イタリアではこの手の話が、〈怖がることを楽しむ話〉として結構好まれているのだ。

ところが、ペローが「赤ずきんちゃん」に、「優しげな男には気をつけろ」などという、余計な教訓をつけたばかりに現実的な怖い話になってしまったのだ。だが、これは一種のゲームなのである。「怖い話」というのは、状況によっては楽しめる話にもなるのだ。このことをヒントにわたしは『イタリアから見た「赤ずきん」』という論文を書き、〈怖がることを楽しむ話〉があることを示した。

イタリアの「赤ずきん」に分類されている、「カテリネッラ」の例話を一つ紹介する。

## ◎お話　その10（怖がることを楽しむ話）　カテリネッラ

昔あるところにカテリネッラという女の子がいました。ある日、ドーナツが食べたくなって、母さんに作って欲しいとたのみました。母さんは、

「いいわ、つくってあげる。でもフライパンがないから魔物のところに行って借りておいで」

と、いいました。カテリネッラはすぐに駆けだして、村外れの魔物の家に行きました。

「フライパンを貸していただけるかしら？　母さんがドーナツを作ってくれるの」

「いいよ、わしにももってきてくれるならね」

「ええ、もってくるわ」

カテリネッラはきっぱりとうけ合いました。

フライパンを持って帰ると、母さんはドーナツを作ってくれました。たくさん作り、魔ものの分をちゃんと残して、残りを二人で食べました。

食べ終わると、カテリネッラはドーナツを入れたフライパンを持って魔物の家に返しに行きました。ドーナツはいい匂い。カテリネッラはがまんができなくなりました。

「一つくらいわからないわよね」

そっと、一つ食べてみました

「ああ、おいしかった。もう一つくらいいいわよね」

しばらく、行くと、またがまんできなくなりました。

「もう一つくらいいいわよね」

そうやって、とうとう全部食べてしまいました。

「ああ、どうしよう?」

困ったカテリネッラは辺りをみまわしました。ちょうどロバがとおりかかったところで、道には糞が湯気をたてていました。

「あら、ちょうどいいものがあったわ」

カテリネッラはロバの糞を拾って、フライパンに入れました。


魔物の家に来たら、魔物の姿は見えませんでした。

「ドーナツをもってきたわよ」

カテリネッラは声だけかけて戸口にフライパンを置くと、すぐに逃げ出しました。

奥から出てきた魔物はフライパンに入っているものを見ました。

「これはなんだ! カテリネッラ、ひどいヤツだ。おまえを食べてやる!」

魔物は怒ってカテリネッラのあとを追いかけました。

カテリネッラは家に逃げ込むと、戸をしめました。

魔物はすぐにやってきました。

「カテリネッラ！　おれは今、家の前！」

カテリネッラは隠れるところをさがしました。

「カテリネッラ！　おれは今、階段の一段目！」

カテリネッラはどこに隠れたらいいかわかりませんでした。

「カテリネッラ！　おれは今、二段目！」

カテリネッラはベッドにあがりました。

「カテリネッラ！　おれは今、三段目！」

カテリネッラはふとんをかぶってふるえました。

「カテリネッラ！　おれは今、四段目！」

「カテリネッラ！　おれは今、五段目！」

「カテリネッラ！　おれはドアの前！」

魔物はドアを破って部屋に入ってきました
「カテリネッラ、さあ、食べちゃうぞ！」

そして、カテリネッラをつかむと一口に食べてしまいました。

ATU 333

## 資料集『イタリアの昔話』の出版

帰国して真っ先にやりたかったのは、ヴェントゥレッリ教授に頂いた資料集の翻訳・出版だった。それは先生に約束したことだった。

イタリアの魔法昔話*は長い話が多いので、資料集全部は収められない。それは仕方がないとしても、わたしがもっともイタリアらしい話としてこだわりのある「三つのオレンジ」はぜひ選びたかったのだが、この資料集のなかの「三つのオレンジ」はあまり豊かな語りではなかった。先生はすでに二千話以上も集めたと豪語されていたので、その中にないわけはないだろうと、「もっと豊かな語りの『三つのオレンジ』を」とお願いしてみた。あまり待たされることなく、タイプで打たれた、期待以上の「三つのオレンジ」が送られてきた。

絵本『三つのオレンジ』

この「三つのオレンジ」を含めた

『イタリアの昔話』(三弥井書店)ができあがり、早速先生にお送りしたのだが、ここでまたうれしい出会いがあった。

絵本画家の小西英子さんから突然お手紙がきて、この「三つのオレンジ」を絵本にしたいといってくださったのだ。すでに活字になっていたいくつかの「三つのオレンジ」の中で、小西さんはこのトスカーナ地方の話を気に入ってくださったのだ。そして、小西さんのお力で偕成社から絵本、『三つのオレンジ』が出版された。

＊ 魔法昔話とは、国際昔話話型カタログによる、主としてヨーロッパの昔話の分類の一つで、話の展開に魔法が使われる、もっともヨーロッパらしい昔話。

## カルロ・ラプッチ氏の資料

さらにもう一つうれしい出会いがあった。トスカーナ地方の昔話集はヴェントゥレッリ先生によって編まれたもののほかにもう一冊出版されていたが、カルロ・ラプッチ氏の編んだその資料集が気になっていたのだ。思い切って、出版社に手紙を書き、氏の住所を教えてもらって直接手紙を書くと、早速お返事があり、いくつか資料を送ってくれた。ラプッチ氏は研究者というわけではないが、自分がおじいさんからきいた話などを元に、トスカーナ地方の昔話集を数多く出版している。また、彼は妖怪に関心をもっていて、とくにトスカーナ地方で伝承されている妖怪についての著書を何冊か贈ってくれたが、それらは、わたしにとってありがたい資料であった。その中のいくつかは三弥井書店の、『世界の妖怪たち』や『現代に生きる妖怪たち』で紹介させていただいた。

イタリアでは、日本のように妖怪をビジュアル化してアイドルにしたり、電波に乗せたりすることは今のところないようだが、妖怪らしいものがいないわけではない。これについては三弥井書店刊の『世界の妖怪』一九九九年を見ていただけるとありがたいが、ここではそれらの中から、カルロ・ラプッチ氏に提供された話のうちの一話を紹介する。

『現代に生きる妖怪たち』

## ◎お話　その11　（伝説）リンケットがいってしまったわけ

それが最後のリンケットだということだが、そいつはバルボーナ山のオンブレーリョのあたりに、もう何年もまえに住んでいたってことだ。ある農家に住みついていたのだが、その家のあるじは、そいつがどこにいて、どこで寝ているんだか知らなかった。だが、毎日、なにかしらいたずらをされているのがわかった。

リンケットっていうのは人間よりずっと小さくて、ちょっとたちが悪くて、いろんな悪さをした。理由もなくただのいやがらせでやることだってあった。樽からワインを飲む、その栓を開けっぱなしにする、乾燥室にあるチーズをいろんな形にかじる、また、茂みにかくれて、畑で仕事をしている農夫に石を投げる、井戸を石でいっぱいにする、夜、ヴェリアに行く者を怖がらせる、鶏小屋の卵を飲む、ロバの尻尾の下に栗のいがを置く、そのほか思いついたいやがらせをつぎつぎやってのけた。

その農夫は我慢ができなくなった。もう、どの聖人にお願いすればいいかわからなくなって、ルッカの魔法使いのところに相談に行った。この魔法使いは物知りで、知恵者であった。昔、ソロモンが悪魔やリンケットのような小さい人に命じて、民衆に骨を折らせないでエルサレムの神殿を建てさせたことを知っていた。ソロモンは小さい人たちが杉材には敵わないように決めたということだ。それで、ルッカの魔法使いは農夫に杉材で樽を作るように言った。そして、樽の底にリンケットの好物の松の実を少し松脂で貼り付け、樽の蓋を開けておいて、リンケットがそれをとるには樽の中に入らざるを得ないようにしようというわけだった。

ことは魔法使いの言ったとおりになった。夜になるとまもなく、リンケットがやってきて、樽の中でひっかきはじめた。その音が聞こえると、農夫は樽のふたをしっかりしめた。

リンケットは出ることができなかった。杉材は彼にとっては鉄みたいだった。農夫は大雨が降るのを待って、増水したセルキオ川に行き、樽を投げ込んだ。川は樽を海に運んだ。海はそれをはるか彼方に運び去り、ある島に着いた。その島から船に積まれて、さらに遠くまで運ばれた。アメリカでその樽を見た者がいるってことだ。ほんとうかねえ?

## ヴェントゥレッリ教授のその後

でき上がった本をお届けしてまもなく、先生から新しい資料集が送られてきた。五百頁を越す分厚いものだった。そこにはガルファニャーナの素晴しい語り手ジェンマから教授がきき取った四十八話が収められていた。方言と標準語の対訳である。ざっと目を通していると、なんと、ある話の解説の中にわたしの名前があった。先生のご存知なかったその話の分類番号のことでわたしが指摘したことがあったのだが、そのことを書いてくださっていたのだ。そこには、わたしのことをちゃんと研究者として紹介してあった。たどたどしいイタリア語で、語りの現場までついてきて、おまけに大学の講義まで聴講していた得体の知れない異国の〈おばちゃん〉を、やっと研究者として認めてくれたようであった。

先生の訃報が入ったのはそれからまもなくのことだった。まだ五十代だったはずだ。フィレンツェ大学に問い合わせたところ、後任だという女の先生からお手紙が来て、テープは全部預かっているから、いつでも聴きに来るようにということだった。だが、その宝の山を活かす力はわたしにはない。方言が聴き取れ、それを翻字できる若い人が出てこないものだろうか。日本人に期待するのは無理でも、ガルファニャーナで語っていた子どもたちの中から、先生の後を継ぐ人がでてこないものか儚いかも知れない望みを捨てきれないでいる。生前のお話から察するに二千話もの語りが遺されているはずだ。まさに宝の山だと思うのだが。テープの劣化も気になる。

# 二章　昔話の資料と再話　研究者としての再話の試み

伝統的な語り手が少なくなった今、現代の語り手たちが書かれたものを覚えて語るということが多くなってきた。その場合、テキストとするものの多くは、伝統的な昔話の語り手から聞き集めて文字化した資料である。その際、「できるだけ原文に忠実に」と言われることもあったのではないだろうか？

だが、忠実に、とはどういうことだろう？　作家によって創作された物語を勝手に書き換えることは論外だが、語り伝えられた昔話は一言一句書き換えてはいけないというわけではないだろう。

なぜだか考えてみよう。

語り手といわれる人にもいろいろあって、大人になって、いきなり優れた語りに出会い、その語りを変化させることなく語り継ぐ場合もあれば、子どもの時に出会った語りを、成長につれて練り上げるということもあるようだ。とくに昔話の語りが、家庭や地域の内で盛んに行われ、子どもの時から昔話を聞く機会が多かった場合、そのようなことがあったと思われる。

わたしが出会ったフィレンツェ大学のヴェントゥレッリ教授にはそのような優れた語り手の成長と、その語りを聞いて育った子や孫たちが、それぞれどのように、自分たちの語りを成長させていったかという記録があるが、その研究は教授の早世によって完成されることはなかった。そもそも、そのような研究には、息の長さが必要で、一人の研究者には無理なのかも知れない。

ただ、教授の未完の研究は、昔話の伝承というのは、語り手自身による〈再話の繰り返し〉、言葉を変えれば、〈練り直し〉でもあったということを教えてくれている。

また、多くの資料集からは、必ずしも語り手のもっとも良い状態の時の語りを記録できたわけではないことがわかる。

これまでに資料として残された、さまざまな状態の語りを前にして、わたし自身もそれらの語りの継承者としての自覚をもって、より良い再話を心がけたいと思っている。それは、語りの資料をたくさん手に入れることのできた研究者の使命ではないかと考えている。

ここまで、各章に関連付けて話を紹介してきたが、収めきれなかった話を以下に収めた。これらはイタリアの昔話の数多くの資料から、わたしもそれらを語りつぐ一人でありたいと願って再話を試みた話である。そして、これらを元に語ってくださる場合、またあらたな工夫があってもいいと思っている。

代表的なイタリアの昔話には魔法昔話と呼ばれる長い話が多いのだが、すでに市販されているものが少なくない。ここでは、それらの話と重複しないものを選ぶようにしたが、中には同じ話型の話であっても、かなり印象が違い、それもまた語りついで欲しいと思った話を加えた。

なおこの章の最後に、すでに出版されているイタリアの昔話集の一覧を加えた。絶版になってしまったものもあるが、図書館で探すことは可能なので、除外はしなかった。

## 語りのためのイタリアの昔話

### ◎お話　その12（魔法昔話）　バラの娘

むかし、あるところに、一人の女がいました。あるとき、女がバラの鉢植えがほしいなと思ったとたん、子どもをみごもってしまいました。時が来て、女は、子どもを生みました。ところが、なんと、それは人間の赤ちゃんではなくて、バラの苗だったのです。悲しくなりましたが、今さらどうすることもできないので、そのバラを、鉢に植えて、だいじにだいじに育てました。バラは美しい花を咲かせました。

家の近くに一人の若者が住んでいました。若者は鉢植えのバラを見ると、どうしてもほしくなって、女の人に売ってほしいとたのみました。女の人はとても貧しかったので、お金につられて、とうとうバラを若者に売ってしまいました。

ある朝のこと、若者がバラに水をやっていると、花の中に人の顔があらわれました。黒い目、小さな口、黒い髪の毛をした若い女の顔でした。

若者はおどろいて、ききました。

「きみはだれ?」

すると、その顔が答えました。

「わたしはバラの娘です。わたしがいいというまで、わたしにさわったりしなければ、あなたのお嫁さんになりますわ」

ところが、若者にはそのとき、もう、婚約者がいました。お母さんのお気に入りの娘でしたが、若者の方はあまり乗り気ではありませんでした。いろいろ理由をつけてことわっていたのですが、お母さんに押し切られて、とうとう承知させられてしまったのです。

あるとき、若者は何日か家を離れて遠くに行く用ができました。そこで、しかたなく、鉢植えの世話をお母さんにたのんでいくことにしました。どんなことがあっても、部屋にはほかの人を入れないように、それに、鉢のそばにある鈴はぜったいに鳴らさないようにと、何度もたのみました。

お母さんがそのとおりにすると約束してくれたので、若者は安心してでかけました。ところが、若者の留守のあいだに、婚約者がやってきて、どうしても若者の部屋を見せてほしいとたのんだのです。お母さんは息子に頼まれたことを思い出しましたが、とうとうことわりきれなくなって、中に入れてしまいました。バラの鉢のそばにある鈴はさわらないようにと忠告することは忘れませんでしたが、そんな忠告はなんの役にもたちませんでした。婚約者は好奇心に負けて鉢のそばの鈴を鳴らしてしまったのです。

すると、花の中からバラの娘があらわれました。でも、そこにいるのが若者ではないと気がつくと、急いで花の中に閉じこもってしまいました。

婚約者は信じられないものを見て、頭が混乱してしまい、おもわずバラの鉢をつかむと、窓から放り出してしまいました。でも、すぐに我に返ると、あわてて鉢を拾ってきて、もとにもどしました。ぐったりした花をなんとかたてなおしておきましたが、見てしまったことはだれにもいわず、しらんぷりしていました。

若者は帰ってくると、すぐに部屋に入って、鈴を鳴らしました。けれども、娘はすぐにはあらわれませんでした。ずいぶん時間がたってから、ようやく現れた娘は、傷だらけで、痛そうにしていました。娘は若者に、留守中になにが起こったか話してきかせました。そして、あの娘との婚約を取り消さないかぎり、もう、二度と現れないといいました。

若者は、娘をなだめ、婚約は取り消しました。そしてバラの娘との結婚式の準備をすすめました。

結婚式の日が来ました。準備がすっかり整い、大勢の招待客があつまりました。お客たちは、花嫁がだれなのか興味津々で、結婚式がはじまるのを待っていました。

教会に行く時間になりました。そのとき、入口の戸が開いて、美しい娘が光りに包まれてあらわれました。バラの娘でした。お客たちがみんな、花嫁にお祝いの言葉をかけるためにかけよりました。若者のお母さんはそんなお客の中でもみくちゃにされながら、ぼう然としていました。

やがて、気を取り直すと、おそるおそる娘に近づいて、今までのことをあやまりました。娘はお母さんを許しました。

結婚式が終わると、娘は花の丘の御殿に行きたいといいました。娘のほんとの住まいだったのです。娘は若者と二人でそこへ行って、それからずっと長い間、幸せに暮らしたということです。

ATU 407

## ◎お話　その13（魔法昔話）　トレディチーノとオオカミ

むかしある村に、母さんと十三人の男の子が暮らしていました。末っ子はトレディチーノと呼ばれていました。十三番目の小さな男の子という意味です。体は小さいけれど、智恵はたっぷりありました。

お父さんはもう亡くなっていたので、子どもたちは早くお母さんをらくにさせたいと思っていました。

ある日、十三人の子どもたちはそろって仕事を探しにでかけました。一日中歩いてくたくたになって王さまのご殿の前まで来ると、一晩泊めてもらえないかと、たのみました。

王さまは子どもたちを見るといいました。

「泊めてやってもいいぞ。だが、ちょっと待て。おまえたちのだれかが、森の人食いオオカミのところに行って、金の毛布をとってきたら、たっぷりほうびをやるが、どうだ？」

子どもたちは顔を見合わせました。だれも行こうというものはありませんでした。そこで、末っ子のトレディチーノがいいました。

「ぼくが行きましょう。でも、それにはクルミがたくさんいります」

一晩、ゆっくり休んで朝になると、トレディチーノはクルミをもらって、森のオオカミの家に行きました。オオカミは家にいませんでした。そこで屋根に上がって夜になるのを待ちました。

オオカミは、もどってきてベッドにはいると、すぐにいびきをかきはじめました。そこで、トレディチーノは屋根の上でクルミをころがしました。

目をさましたオオカミがその音をきいて眠そうな声でいいました。

「おや、雹《ひょう》でも降り出したのかな。寒くなりそうだから、毛布をだしておこう」

そういって、金の毛布をだすと、またいびきをかきはじめました。

トレディチーノはすぐに屋根から降り、まどを開けて中にはいると、金の毛布をとってにげだしました。

ところで、このオオカミはものいうオウムを飼っていました。時間のわかるかしこいオウムでした。

朝になると、オオカミは目を覚ましてオウムにききました。

「オウムよ、いま何時だい?」

「五時ですがね、トレディチーノが金の毛布をとって行きましたよ」

「トレディチーノだって？　どこのどいつかしらんが、こんどきたら、食ってやる」

と、オオカミはわめきました。

そのあいだに、トレディチーノは王さまのところに金の毛布をもって行きました。ところが王さまは、こんどはオオカミのオウムをとってこいというのです。

「むずかしいことですが、やってみましょう。でも、お菓子がたくさんいります」

つぎの日、かごにいっぱいのお菓子をもって、トレディチーノはまた、オオカミの家に行きました。

オオカミがいないのがわかると、窓のちかくにお菓子の入った籠をおきました。そして、食いしん坊なオウムがむちゅうでたべているあいだに、そっとつかまえました。

トレディチーノがオウムを持って帰ると、王さまはおおよろこびしましたが、まだ、これでいいとはいいませんでした。

「よくやった。だが、さいごに、オオカミをいけどりにしてこなくちゃいけない。うまくやったら、こんどこそおしまいにしてやろう」

トレディチーノはどうしたらいいかわかりませんでした。でも、ここでことわるわけにはいきません。その夜は暗い気持ちでベッドにはいりました。なかなか寝つかれませんでしたが、明け方、うとうとしたとおもったら、夢を見ました。ぱっと目を覚ましたトレディチーノは、にこにこしながらとび起き、夢で見たように、手押し車と板と釘を王さまにもらって、森にいきました。

オオカミの家のそばまでくると、トレディチーノは大声でどなりはじめました。

「トレディチーノが死んだ！　トレディチーノが死んだ！　棺桶を作るのをてつだってくれるものはいないいか！」

すると、オオカミが出てきていいました。

「おれがてつだうぜ。トレディチーノにはひどいめにあってるからな」

棺桶ができあがると、トレディチーノがいいました。

「さあてと。きみ、ちょっとこのなかに横になってくれないかな。トレディチーノはだいたいきみとおなじせいの高さだったから、これでいいか、見てみたいんだよ」

ばかなオオカミは、鼻歌をうたいながら棺桶のなかに横になりました。

トレディチーノはすばやく棺桶にふたをして、いきなりくぎを打ちはじめました。あわてたオオカミがどんなにわめいても、知らん顔。それから、棺桶を手押し車にのせて、王さまのところにはこんでいきました。

王さまはこんどこそ、約束をはたしてくれました。ごほうびはたっぷりの金貨。これだけあれば、どこかへ働きにいかなくても、お母さんを助けてみんなで畑仕事をすれば食べていけます。

子どもたちは、元気いっぱい、お母さんのところに帰っていきました。

こわいオオカミがいなくなって、村人たちも安心して森に行けるようになったということです。

ATU 328

### ◎お話　その14（動物昔話）三羽のガチョウ

昔あるところに、三羽のガチョウ娘がいました。あるとき三羽はそろって知り合いの結婚式に出かけました。

ガチョウたちの名前は、マリエッタとエンリケッタ、そしてアンジョリーナといいました。

森を通るときは気をつけなくてはなりません。オオカミがいるかもしれないからです。

森が近づくと、遠くから荷馬車の音がきこえてきました。一番かしこいアンジョリーナがいいました。

「馬車が近づいてくるみたいね。わたしたちを助けてくれる人だといいけど。ここで、ちょっと待って、だれがくるか見てみましょうよ」

やってきたのは材木を積んだ馬車でした。がちょう娘たちは立ち止まって馬車を呼び止めました。馬車を引いてきた男はいいました。

「どうしたのかね？　ガチョウのおじょうさんたち」

「わたしたち結婚式に行かなくてはならないの。でも、森を通り抜けるのが怖いんです。オオカミがいるかもしれないんですもの」

馬車には薪がいっぱい積んでありました。

「あんたたちに小屋を建ててあげよう。今晩、避難できるようにね」

「よかった、ありがとう」

馬車引きはさっそく、仕事にとりかかりました。トントン、トントン。すてきな木の小屋ができ上がりました。

「今夜はここでお休み。朝になったら、また、でかければいいさ」

「わかったわ、どうもありがとう」

馬車引きはガチョウ娘たちに小さな小屋を残して、また行ってしまいました。

ガチョウたちが小屋の中に入って、少しするとウオーン、ウオーンという声がきこえてきました。

「あー、オオカミが来たわ、来たわ……」

ウオーン、ウオーン。

ほんとうに、オオカミです。ガチョウたちのにおいをかぎつけて、近づいてきたのです。

オオカミは小屋まで来ると、壁に穴を開けはじめました。穴が開くと、その穴に鼻先をつっこんでマリエッタをくわえて引きずり出し、逃げていってしまいました。小屋の中にはエンリケッタとアンジョリーナが残されました。

「ああ、わたしたち、二人になってしまったわね」

夜が明けると、二羽のガチョウはまた歩き出しました。結婚式に行かなくてはなりません。でも、また夜がやってきました。

「今夜はどうしよう?」

「また、あのオオカミがもどってくるわ」

ちょうどその時、また馬の足音がきこえてきました。また別の馬車引きがやってきたのです。馬車引きがそばまで来るとガチョウたちは泣きはじめました。

「どうして泣いてるんだね?」

「わたしたち結婚式に行かなければならないの。昨夜《ゆうべ》は、オオカミがきて、マリエッタを連れていってしまったの。薪を積んだ馬車引きが通りかかって、せっかく小屋を建ててくれたのに、オオカミは小屋に穴を開けてマリエッタを引きずり出して、逃げていったの」

「わかった。泣くんじゃない。こんどはわたしが家を建ててあげよう」

その馬車はトタン板を積んでいました。そのトタン板で、馬車引きはエンリケッタとマリエッタのために小屋を作ってくれました。タンタン、タンタン。

夜になると、二羽のガチョウはその小屋で寝ました。

少しすると、またオオカミがやってきました。

ウオーン、ウオーン。

「また、来たわ」

二羽はこわくてふるえていました。オオカミはそばまで来ると、トタン板の壁に穴を開けはじめました。長いことかかって穴を開けると、その穴に鼻をつっこんで、エンリケッタをつかまえていってしまいました。

とうとうアンジョリーナだけになってしまいました。

アンジョリーナは夜が明けると、結婚式に行くために歩き出しました。

そして、また夜がやってきました。

「また、オオカミがやってくるわ。こんどはわたしを食べるつもりね」

少しすると、遠くから、また馬車引きがやってきました。こんどの馬車は鉄板を積んでいました。それを見ると、アンジョリーナはまた泣き声をあげました。

「どうして泣いているんだね？」

「わたしたち三人きょうだいだったの。みんなで結婚式に行くところだったのに、二人はオオカミに食べられてしまって、一人ぼっちになってしまったの。オオカミはこんどはきっとわたしを食べにくるわ」

「泣くんじゃない。わたしがもっと頑丈な家を建ててあげよう」

そして、ほんとうに馬車引きは鉄板で家を建てはじめました。ダンダン、ダンダン。

そうして、まもなく煙突のついたかわいらしい家ができ上がりました。

「薪も少し置いていってあげるから、寒かったら火を焚けばいい。鉄板も一枚おいていってあげよう。その上でなにか食べるものを焼くことができるよ。しっかり戸締まりすれば、オオカミだって中に入ってこられないさ」

「ありがとう、おじさん。ほんとうにありがとう」

荷馬車が行ってしまうと、アンジョリーナは家の中に入って、しっかり戸締まりをしました。

しばらくすると、オオカミがやってきました。オオカミは壁に穴を開けようと鼻で押してきましたが、どうしても穴が空きません。鼻が痛くなるだけでした。

そこで、オオカミは屋根に上って煙突から入ろうとしました。しかしこいアンジョリーナは、どんどん薪をくべ、その上に鉄板を置いて、オオカミが降りてくるのをまちました。それとは知らずにオオカミは焼けた鉄板の上にとび降りました。

「アチチチ……」

オオカミは跳び上って、煙突から出ていってしまいました。

こうして、アンジョリーナは助かって、ひとりで結婚式に行きました。

これでアンジョリーナがどんなに賢いかわかったでしょ?

ATU 124

＊ イギリスの昔話「三匹の子ブタ」と同じタイプの話であるが、イタリアの話は子ブタではなくガチョウの娘たちになっている。決してイタリアの話がイギリスの話に影響を受けたということはない。むしろ逆ではないかと思われる。
また、この話では、ガチョウたちがオオカミを追い払うところで終わっているが、オオカミが仕返しに来る後日談が付いている場合も少なくない。イタリアの昔話は国境を越えて知られることが遅かったため、イギリスだけでなく、ドイツのグリムにも、フランスのペローにも後れを取っているようだが、そもそもヨーロッパの文化はローマ帝国の中心、イタリアから広まっていったことを忘れないで欲しい。

## ◎お話　その15（動物昔話）　若いオンドリとキツネ

昔あるところに、一羽の若いオンドリがいました。

ある日、オンドリが生け垣の上で日向ぼっこをしていると、キツネが通りかかりました。オンドリはまだ若かったので、キツネが危険な動物だということをしりませんでした。

オンドリは素敵な声で「キッキリキー」と挨拶しました。

キツネはオンドリを見上げると、

「いい声だねえ。でも、もうちょっと大きな声で歌ってごらん」

といいました。オンドリはよろこんで、もう一度歌いました

「キッキリキー」

「すばらしい！　だけど、さっきのほうがよかったな。だって、のどをもっと大きく広げていたよ」

オンドリは、ありったけの力をふりしぼって、もう一度歌いました。キツネは、

「ああ、すばらしい。でも、目をつぶってごらん、もっといい声が出るよ」といいました。

オンドリは目をつぶってもう一度歌いました。

「ああ、ウグイスが歌っているみたいだ。もう一度きかせてくれ！」

オンドリが目をしっかりつぶって、いい気になって歌っている間に、キツネはオンドリに近づくと、ひとっ飛びでとびあがって、口にくわえ、走り出しました。

そのときになって、やっとオンドリは、今、自分がどんな目に遭っているかがわかりました。

オンドリは走っているキツネにいいました。

「ぼくをどこへ連れていって食べるの？」

「カッタンネオー……」とキツネは、獲物をくわえた口をゆるめないように答えました。

「ええっ？　どこだって？」ともう一度オンドリはききました。

「カッタンネオー……」

「それじゃ、どこへつれていくのかわからないよ、もっとはっきりいってよ」

「カッタンネオー……」

キツネがちゃんといおうとして口を開けると、オンドリは近くの木の上にぱっととびあがりました。キツネはそれを下から眺めて、昼飯をなくしたこと知りました。

「ちくしょう！　必要もないときにしゃべっちまった！」

「おれだって必要もないときに歌わされた！」

ATU 122cf.

＊　カッタンネオーというのは、ほんとはなんという名前なのかよくわかりません。その言葉に近い名前だったのでしょうね。語るときは、ここは身近な地名と変えてもよいところです。最後の二行も必ずしも必要ではありません。

### ◎お話その16（遊戯話）小さな小さな小さなちっぽけな女

昔あるところに、小さな小さな小さなちっぽけな女がいた。

小さな小さな小さなちっぽけな女は小さな小さな小さなちっぽけな家と、小さな小さな小さなちっぽけなめんどりをもっていた。

小さな小さな小さなちっぽけなめんどりは、小さな小さな小さなちっぽけな卵をうんだ。

小さな小さな小さなちっぽけな女は、小さな小さな小さなちっぽけな卵で、小さな小さな小さなちっぽけなオムレツを作ると、小さな小さな小さなちっぽけな窓辺においた。

そこへ一匹の小さな小さな小さなちっぽけなハエがとおりかかって、小さな小さな小さなちっぽけなオムレツを落としてしまった。

小さな小さな小さなちっぽけな女はお役所に行って、お役人に涙ながらに訴えた。

おどろいたお役人は、小さな小さな小さなちっぽけな鞭を与えて、小さな小さな小さなちっぽけなハエを打つようにいった。

ちょうどそのとき、小さな小さな小さなちっぽけなハエがやってきて、お役人の鼻の上に止まった。

それを見ると、小さな小さな小さなちっぽけな女はそのハエを力まかせにたたいた。お役人は小さな小さな小さなちっぽけな女の思いがけない一撃をいやというほど味わった。

小さな小さな小さなちっぽけな女は、そんなことにはおかまいなく、そのまま家に帰って行った。

＊　いかに間違えないで唱えられるか競う遊びである。日本にもこの手の言葉遊びはいろいろあるが、あまり記録されていないようである。

## 日本語で読めるイタリアの昔話集一覧

『イタリアのむかしばなし　**カナリア王子**』カルヴィーノ再話・安藤美紀夫訳　福音館書店　一九六九年

『**みどりの小鳥**』イタリア民話選　イタロ・カルヴィーノ　河島英昭訳　岩波書店　一九七八年

『**イタリアの怪奇民話**』評論社　渡部容子訳　一九八二年

『イタリア民話集』上下　イタロ・カルヴィーノ編　河島英昭編訳　岩波書店　一九八四・八五年
『クリン王　イタリアの昔ばなし（ストラパローラ&バジーレ&カルヴィーノより）』安藤美紀夫・剣持弘子編訳　小峰書店　一九八四年
『世界昔ばなし』上　ヨーロッパ　講談社　日本民話の会　一九九一年
『イタリアの昔話』トスカーナ地方　三弥井書店、剣持弘子編訳　一九九二年
『三つのオレンジ―ミルクのように白く血のように赤い娘―』偕成社　剣持弘子・文　小西英子・絵　一九九九年
『イタリアのむかし話』イタロ・カルヴィーノ　大久保昭男　偕成社　二〇〇〇年
『子どもに語る　イタリアの昔話』こぐま社　剣持弘子　二〇〇三年

# 三章　わたしとイタリアの昔話

## イタリアの昔話との出会い

子育てをしながら生涯つづける仕事を模索していたとき、戦後の新しい子どもの絵本に出会った。わたしの子どもの頃に比べて、そこにはなんと豊かな世界がひろがっていたことだろう。とくに海外の児童書の豊かさには圧倒された。

わたしが子どものとき、家には、昭和二年に発売されたアルス社の日本児童文庫が一そろい、専用の本棚に納まって、子ども部屋の隅にあった。母が就職していたころ、年の離れた末弟のために、当時発売されたばかりの児童文庫を買ってやり、それが年を経て、そっくりわたしたちのところに戻ってきていたのだ。全七十六巻、内外の有名な童話、昔話、伝説、歴史、詩集、なんでもありだった。挿し絵も当時の一流画家の手になるものであった。それらの本はずっと手の届くところに存在していたのに、古びたえんじ色の背表紙が取っつきにくく、なかなか手が出なかった。戦時中ということもあってなにかと忙しかった母もとくに勧めるということもなかった。自分から手に取ることを期待していたのかもしれない。五年生になっていたころ、ふとした機会にそれが宝の山だと知ったわたしは、兄と共同の狭い子ども部屋で、ときには寝ころびながら、むさぼるように読むようになった。だが、全部は読み切れないうちに、空襲がはじまり、焼けてしまった。返す返すも悔やまれるが、そんな記憶が色あせるほど、新しく出会った子どもの本の世界は魅力にあふれていた。もし、子どもの頃にこんな本たちに出会っていたら…と羨望の念を禁じえなかった。わたしは次々と子どもたちに読んでやりながら本の世界に浸り、しばらく至福のときを過ごした。

子どもは親離れしていったが、その後、地域で文庫活動をはじめる機会があり、さらに子どもの本との縁はひろがった。

わたしは子どもの本に抱いた興味を活かすべく、まず児童文学を勉強することにし、英語以外にも外国語を学びたいと考えてイタリア語を選んだ。イタリア語を選んだ理由は、一つは、母音が多くて、発音しやすかったこと、そして、もう一つは、ヨーロッパの文化はローマから、という単純な思い込みによるものであった。だいぶたって、世界の文化を考えるとき、その考えが狭かったことに気がつき、中東世界にも目を向けるようになったが、当時はまだそこまで思いが至らなかった。

こうして、イタリアの児童文学に近づき、分け入っていったが、残念ながら、イタリアには研究したいというほどの児童文学はみつかなかった。戦前の『ピノッキオの冒険』も『クオレ』も、すでに紹介、研究し尽くされた感があったし、戦後の作家、ジャンニ・ロダーリは国際アンデルセン賞受賞作家だけに魅力はあったが、子ども向けに書かれたものは、すでに安藤美紀夫氏によってほぼ訳されてしまっていた。その後のロダーリの作品の独特のファンタジーは魅力的ではあったが、わたしの求める児童文学の範疇を少し越えていた。その後、イタリアでも子どもの本はたくさん出たが、ヨーロッパの、とくに北の方の国々の作品に比べると、今一つ魅力に欠け、あるものは軽すぎる、また、あるものは逆に難解すぎると思われた。

そんなとき当時のイタリア児童文学の翻訳、研究の第一人者、安藤美紀夫先生とじかにお会いする機会があった。

きっかけは朝日カルチャーセンターの講座だった。その講座は「児童文学と民話」というものだったが、そのときはまだとくに民話に関心がなかったので、児童文学の安藤先生の名前に惹かれて受講することにしたのだ。

この講座は、児童文学と民話の講義が一週おきに組まれていたが、民話の講師は、当時日本女子大学教授だった小澤俊夫先生であった。

安藤先生の児童文学の講義は期待通りだったが、当時のわたしにとっては未知の世界ではなかった。それに、当の安藤先生までが「今のイタリアの児童文学はねえ」とおっしゃるほど、あまり期待はされていないようだった。

それに対してもう一方の小澤先生の講義は、それまで民話の知識がなかっただけに新鮮で、たちまち引き込まれた。

子どものころ教科書で読んだ「桃太郎」「花咲爺」などの日本の昔話も、「赤ずきん」「白雪姫」といったグリム童話も、同様に民話の範疇に入ることが理解できた。さらに、『ピノッキオ』にもロダーリの作品にも、民話への視線があることも思い出させてくれた。ここで、児童文学と民話が、わたしの中でつながった。

その後、小澤先生の昔話研究会創設に誘っていただき、基礎から勉強する機会に恵まれた。研究会では民話を研究する意味と方法をたたき込まれ、必死に食いついていった。先生の講義も「教養のため」という域を越えていたし、わたしの方も、背水の陣で臨んだ講義だったから、吸収することも多かったと思う。とくに、小澤先生はドイツがご専門だったので、ヨーロッパに目を広げはじめていたわたしには、ありがたい巡り合せに思われた。

安藤先生には、その後翻訳の仕事をまわしていただく機会があったが、残念ながら先生は一九九〇年に六十歳で早世された。

ところで、わたしは民話を勉強するうち、ヨーロッパで最も古い民話集がイタリアにあったと知ることになった。これらの古典が、民間で語られた昔話と密接な関係があることを追々知ることになるのだが、ともかく、こうして、ヨーロッパの昔話を勉強する第一歩を踏み出すことになった。

若い研究者にくらべて、一世代遅い出発だったが、その分、長生きすればいいと思うことにした。いつまで元気でいられるか、神のみぞ知る、だが、努力をするほかない。

**イタリアの古典**

この章では他の十九世紀の主な昔話集と併せて、イタリア民話の古典を二つ、ごく簡単に紹介しよう。

**『たのしい夜』著者・ジョヴァン・フランチェスコ・ストラパローラ　出版年一五五〇、一五五二年**

イタリアだけでなく、ヨーロッパで最も古い昔話集である。

これは枠物語と言って、大きな枠をなす物語の中に、いくつかの物語をはめるという形式で、例えば、『アラビアンナイト（千一夜物語）』や、イタリアのボッカチオの『デカメロン』などがよく知られている。そのころの流行りのスタイルだったのだろう。

『たのしい夜』は十三日間に語られた七十五話が二巻に収められている。最初から計画的に話を選んだわけではなさそうだ。魔法昔話も含まれているが、全体としてはノヴェッラと呼ばれる現実的な話が多いのが特徴である。その中では猫が主人公の若者を助けて成功させる話がとくに有名である。この話はのちにペローの「長靴をはいた猫」に影響を与えたといわれている。長いあいだ翻訳が待ち望まれていたが、原文のイタリア語がいくらか古風なことと、方言で綴られた話が何話かまじっているせいもあって、なかなか実現することがなかったが、ようやく出た。フランス語への訳はすでに出ていて、参考にされたようだ。

全体の三分の一話しか収められていないが、有名な話はほぼ揃っている。

◎長野徹訳『**愉しき夜**』二〇一六年、平凡社。

**『ペンタメローネ』著者・ジャン・バッティスタ・バジーレ　出版年一六三四～一六三六年**

ボッカッチョの『デカメロン（デカメローネ）』が『十日物語』であるように、『お話の中のお話　ペンタメローネ』は『五日物語』のことで、五日間に十話ずつ、（最終回は九話）枠を含めて全部で五十話が語られるという、やはり枠物語になっている。「三つのシトロン」をはじめ、イタリアらしい話が沢山入っている。その語り口はバロック様式で、おそろしく飾り立てられた文章は、とてもそのままでは語りにはならないが、内容は昔話には違いない。

ナポリ方言で書かれたものが、二十世紀になって、哲学者ベネデット・クローチェによってイタリア標準語に訳され、それが一般的なイタリア語のテキストになっている。そして、これがさらに英語に訳されたものからの重訳が、現在、日本で『ペンタメローネ』として出ている。

◎杉山洋子・三宅忠明訳『ペンタメローネ』一九九五年　大修館書店

## 現代イタリアの昔話資料集

### 十九世紀の資料集

十九世紀の末ごろ、グリム兄弟が『グリム童話集』を編むという大きな仕事をしたが、この仕事に刺激を受けて、世界各地で民衆から民話を聞きとって記録するという活動が盛んになった。イタリアも例外ではなかった。当時の活動は、トスカーナ、シチリア、アブルッツォなどで、とくに成果を上げたようである。

## イタロ・カルヴィーノの仕事

一九五六年、イタリアでは現代作家イタロ・カルヴィーノが十九世紀の資料集の中から、二百話を選び、北から南へと並べて『イタリアの昔話』にまとめた。「イタリアのグリム」を意識したと思われる。

日本には、このうちの三分の一ほどが、河島英昭氏によって翻訳紹介されている。岩波文庫の『イタリア民話集』ⅠとⅡである。

日本では、それまでにもカルヴィーノの原本から、イタリアの昔話として何話か翻訳出版されたが、その後、翻訳権を岩波書店が獲得し、勝手に翻訳出版することはできなくなった。現在、岩波文庫の二巻本と、カルヴィーノ自身がその中から、子ども向けにいくらか内容に配慮して選んだ数十話が『みどりの小鳥』として出ている。じつはもう一冊子ども用に選んだ『かに王子』というのがあるが、これはまだ翻訳されていない。カルヴィーノがこのように子ども版を作ったというのもグリムに倣《なら》ったと思われる。

ここで、冒頭で簡単に説明した呼称に戻るが、さまざまな土地で使われていた「お話」

を表す言葉は、同じ国の中でも実は一様ではない。そのことは日本でもいえることで、あえて統一はされてこなかった。例えば、カルヴィーノが使ったfiabe italianeという言葉を岩波版では『イタリア民話集』としている。ただ、このfiabeという言葉は昔話だけでなく創作童話にも使われる言葉である。日本でも童話という言葉が昔話にも使われたことがあるが、イタリアでも似たようなことが起こっているわけである。その他に、イタリアの場合は、racconti popolari（民衆のお話）やnovelle（ノヴェッラ＝小説的お話）なども使われている。

## カルヴィーノ以後

イタリアで昔話を聞き集める運動は、カルヴィーノの民話集が発表されたことでふたたび火がついたようである。あらたに研究者たちが各地で調査活動の結果を続々と発表するようになった。これは他の国にも言えることのようだ。

イタリアでは、北部のロンバルディア地方や、ロマーニャ地方のほか、中部のトスカーナ地方でも、先に紹介したヴェントゥレッリ教授の活動など、目を見張るものがある。

また、『ペンタメローネ』を生んだ南部のカンパーニア地方での資料が少ないのを残念がる声もあったが、一九九四年には大部の資料集『十夜に語られた九十九のカンパーニアの昔話』Ⅰ、Ⅱが出版された。

ところで、昔話の資料集を利用するにあたっては、方言という高いハードルがある。これは日本においてもいえることだが、外国語の場合はいっそう困難になる。

ただ、近年、新しい資料集では、方言と標準語との対訳資料として出版されることが多くなった。先に挙げた『カンパーニアの昔話』も対訳本である。

また、シチリアの研究者、ジュゼッペ・ピトレーのシチリア方言による四巻本の『シチリア民話集』が、二〇一三年に標準語との対訳本として新装出版されたが、このことは、イタリアではまだ昔話研究の進展に期待が持てるということではないかと、わたしも期待している。

ここでちょっと宣伝させていただくなら、わたしの二冊の、『イタリアの昔話』三弥井書店刊と『子どもに語るイタリアの昔話』こぐま社刊には、戦前の資料のうちカルヴィーノが選ばなかった話と、カルヴィーノ以後に出版された資料集から選んだ話が収められている。

振り返ってみて、語りの現場に立ち会えたのは、偶然の出会いによることが多かったのだが、イタリアにはまだ、ほかにも語り継がれている場所がないとはいいきれない。とりあえず、カルヴィーノの『イタリア民話集』以後に出版された資料集が、手がかりとなると思われる。

それに、フィレンツェ大学教育学部にヴェントゥレッリ教授の遺したテープや、Ministero dei culturali e ambientali（文化環境庁）に眠っている膨大な音声資料に取り組む人が出てくれればと心から願っている。

# 四章　わたしの昔話研究事始め

ここでは、わたしが一世代遅れで昔話の研究の道に入り、本腰を入れて今も続けている経緯を記したい。昔話を研究するにはいろいろな方法があるが、それらの中で、わたしが選ぶことになった方法は、昔話そのものの研究である。小澤先生によれば昔話の内部の研究である。広い知識と行動を求められる民俗学的アプローチ、広く古文書などの読解を要求される古典文学からのアプローチには、少々年をとり過ぎていたということかもしれない。だが、そういったことは追々わかってきたことであり、ともかく、先ずは小澤先生に導かれたということであった。

以下は土曜会で小澤先生に導かれ、やがて独立して研究者の道に進んでいったわたしの来し方を示してみたい。

## 昔話研究土曜会

わたしはここで、昔話研究の目的と方法を基礎から学んだ。

### 土曜会の発足

朝日カルチャーセンターの、小澤俊夫先生の昔話の講義は三ヶ月で終了したが、その後もさらに希望者が残って一年間延長された。以後は先生の講義ではなく、それぞれが自分の得意とするところを発表するということになった。わたしは当時手に入れていたイタリアの昔話を一話選んで、翻訳紹介した。

また、山梨県下部町の語りの現場にも連れて行っていただいたこともあった。充実した一年間が終わって、さて、これからどうしようと思案していると、まもなく、小澤先生から、

「昔話の研究会を立ち上げたい。参加しませんか?」

と、お誘いの電話があった。そして、その研究会は、徹底的に研究した成果を枚数の制限なく書いて論文にすることを目的としたい。つまり、もう、勉強会ではないと強調され

た。わたしは、とっさに、
「参加させて頂きます」と答えていた。身震いするような出来事だった。
なんの勝算もなかったが、とにかく頑張りたいと強く思った。

最初のころの会合は、先生のご自宅の書斎で行われた。それまでに、先生が関わってこられたいくつかの勉強会のメンバーに、日本女子大で続けられてきた研究会のメンバーが加わっていた。全部で十数人だったと思う。

自己紹介をきいていると、みなさん錚々たる学歴をお持ちで、わたしは末席に小さくなっていた。でも、ここまで来たらやるしかない。

会はあらためて「昔話研究　土曜会」と名づけられ、毎月第三土曜日に開かれることになった。以来、八月を除いて、ずっとつづけられている。

わたしは子育てを終え、学ぶことを楽しみながらも、イタリアの昔話を研究することの意味を考えつづけてきた。長男が、フランス現代史を学ぶと決めたとき、わたしは「日本人としての視点を忘れないように」とだけ言った。この言葉はそっくりわたし自身に返ってきていた。

民話研究の道に導いてくださった小澤先生は、ご自身ドイツの昔話の研究者であったが、日本の昔話を知ることもおろそかにはされなかった。そして、立ち上げられた土曜会でも、先ず日本の昔話の研究方法から指導して下さった。

わたしたちが土曜会でどのような勉強をしたか、また、その結果、わたしが学会でどのような発表をしたかを簡単に報告する。

小澤先生の講義を何度か受けた後、先ず、モチーフ分析の実習に入った。先生のご自宅の書斎からはじめられた研究会は、その後、世田谷区内の公的な集会所をその都度予約するということになった。当時その任に当たって下さっていたNさんが世田谷区にお住まいで、申し込み資格があったという理由からであった。さらにその後、小澤先生が昔話研究所として購入された、登戸のマンションの一室を土曜会も使わせていただくようになり、現在にいたっている。ほぼ十年ごとに論集を発行し、現在は第四集をめざしている。わたしは車椅子生活となってから例会には出席できないが、論集には参加するつもりで、今も準備はしている。

事始めのテキストは、当時刊行されつつあった『日本昔話通観』（ぎょうせい）（以下『通観』と略記）であった。全三十一巻はまだ完成していなかったが、各県の資料をまとめて収録した資料編の刊行はかなり進んでいたので、その中から各自一冊を選んで、モチーフ分析を実習することから始めた。

もっぱら現地に赴いて昔話をきき取る活動をしていた人たちには、生きた人間の営みである昔話を分析するなどとんでもないという抵抗感があるようで、わたしもはっきり言われたことがあった。だが、少しずつ変化しながらひろがりを見せていて、いくつかのグループに括ることもできる昔話は、そういった科学的な手法で研究する対象となるということには納得できた。

まず、昔話の文芸としての特徴を理解するために、モチーフ分析と、話型分析の実習からはじまった。

## モチーフ分析

一般に、モチーフという言葉は、文学や他の芸術作品にも使われる場合、主題とか動機と言った意味で用いられることがあるようだが、昔話ではそれらの意味も含めた、話を構成する最小単位として把握される。

まず、モチーフとは何かということを各自が理解するために、いくつかの説が紹介されたが、結局、一番説得力のある、**「単一の出来」**つまり、**「一話を構成する上での、主要な登場者の主要な一行為、およびそれに直接対応する行為を含む単位」**ということに落ち着いたと思う。単なる要素だけでなく、そこに行為が加わることによって、動きが出る、あるいは小さくとも物語が生まれる、その物語の最小単位だと言うこともできる。

分析作業は簡単なようで、結構手間取った。実際の語りは、本筋にさまざまな枝葉がついているからだ。枝葉を取り除いた本質をしっかり見極めることは、すべての研究に必要なことだと思えた。じつは、わたしは子どもの頃から「肝心なことは何だ？」と考える癖があった。理屈っぽいともいわれ、欠点ともとれるこの性分を、案外生かせるのではないかと思うことにした。

わたしが分析資料として選んだのは「山梨・長野編」だった。たいした理由があったわけではない。故郷の三重県はあまり調査が進んでいなかったように思えたからだ。どれを選ぶにしても、最後には全体に目配りできなくてはならない。

研究会では、一段落ずつ区切って、モチーフに分析して行くという授業が何回か続けられた。

会には時々、新しい人が入ってきたが、この地味な作業に辟易したのか、定着する人は多くなかった。それでも、まだ会は続いている。

## 話型分析

次は話型分析である。昔話は、いくつかのモチーフが集って、話型が構成されている。一つのモチーフで成り立っている話型もあるが、大方は複数のモチーフで構成されている。

話型とはなにか？　話のタイプと言った方がピンとくるかもしれない。もともと、話型は「The types of the folktale の和訳である。昔話を読んだりきいたりしていて、「登場人物や細かい出来事は違っていても、同じタイプの話だな」と感じることはよくあることだ。そのように感じる話の構成要素を分析的に検討するのが話型分析である。

多くの昔話、とくに本格昔話や複合昔話とも呼ばれる話は、全体を起承転結の四つの部分に分けてみることができる。その四つのうち起にあたる発端部分と結に当たる結末部分はそれぞれ別の話の構成モチーフとなることが多い。つまり、発端モチーフや結末モチーフが同じでも、必ずしも同じ話型であるとは言えないのである。つまり話型を特定するのは中心部の承と転が決め手になるが、実際にはなかなか判断がむずかしい場合があるので、ここでは、これ以上踏み込まない。実際の話にあたるうち追々理解が進み、いつのまにか虜になることもあるが、これには個人差があるようだ。

それはさておき、話型分析のためにわたしが最初に選んだのは「瓜子姫」であった。分析に使った資料は、『通観』の他、当時手に入ったいくつかの資料集の話を併せて四八七話であるが、その中には、『通観』に梗概しか載せられていない話もあった。それらについては、できるかぎり元の話を探した。国会図書館にも何度も通った。

そのようにして集めた話を、当時、市販されていた集計用紙という罫紙を使い、主人公の属性や行為を縦軸に、横には話を並べていく。そうすると、共通点や違いがはっきりしてくる。現在はパソコンのエクセルを使うことが多いが、私には、いまだに集計用紙の方が使いやすい。ついでに言えば、わたしは手持ちのイタリアの資料を話型ごとに分けてカードに整理しているが、これも、エクセルを使う気になれない。断然、カードの方が使い勝手が良いのである。それはともかく、話型分析の話を続ける。

分析の結果、「瓜子姫」にはいくつかのバージョンがあることがわかった。例えば、発端では、爺と婆は川を流れてきた瓜を拾うこともあれば、畑で瓜を獲ることもある。瓜子姫が爺と婆の留守に天の邪鬼に食われてしまう話もあれば、助かって、殿様のところに嫁入りする話もある。細かく見ればいろいろ違いはあるが、どの違いを重視するか検討する。そしてそういった違いがどうして生まれたかを、いくつかの文献や、先行論文も参考にして、独自の論を立てるのである。その結果、「瓜子姫」には幸運型と悲劇型があり、それはおおむね日本列島の東西の違いでもあることがわかった。また、東北地方の話には、別の話、「狸の婆汁」や「継子と鳥」の影響を受けたらしい話があることもわかった。

さらに伝承、伝播の途中で、『お伽草子』などの文献の影響があったことが考えられた。そして、さらに視野をひろげて、影響関係が考えられるといわれてきた「三つのオレンジ」との比較にも進めた。「三つのオレンジ」はイタリアの代表的な話であるが、イタリアと日本の間の、中東という、東西の文化の分水嶺のような地域も無視できないことが想像された。このことについては、また別の機会に検討することになる。

このように論文の構想を発表したところ、若くて優秀なみなさんを差し置いて、土曜会のトップバターとして口承文芸学会で発表することになってしまった。土曜会の発足から十年が経っていて、わたしもすでに五十代の大台に乗っていた。遅れてきた研究者の門出であった。初めての学会発表を成功させるべく、わたしは入念に準備した。二十五分という限られた時間内にきちんと納めるため、原稿を作り、夫をきき手に予行練習を試みたが、地味な内容であったし、夫にとってはたいして興味のないことだったから、夫は半分もきかないうちに居眠りをはじめてしまった。これは失敗だった。仕方がないので、自分で声を出して読んで、時間をはかってみた。その後何度か学会発表の機会があったが、自分の話し方では原稿用紙で何枚くらいかと見当がつくようになったので、リハーサルはやめた。

発表した論考のタイトルは**「『瓜子姫』―話型分析及び「三つのオレンジ」との関係」**である。

発表当日は、時間ぴったりに収めることができた。終わってから、前の方に陣取ってきいていてくださった小澤先生のもとにうかがうと、「これぞ学会発表という出来映えだった」と褒めていただけた。まったく小学生の発表会のような出来事であったが、これを論文にまとめたものは学会誌に載せていただくことになり、以後は先生からはほぼ放任状態になり、わたしも自分で責任をとるようになった。

学会での発表の後、一九九一年の土曜会の論文集の第一集には、同じ「瓜子姫」を、別の角度から検討する論文**「『瓜子姫』―伝播と変化に関する一考察―」**を載せた。

また、二〇〇〇年三月の第二集には、あらたに書き下ろした**「呪的逃走モティーフの伝**

播と受容―『三枚のお札』の成立をめぐって―」を載せた。これはかなり分量があった。そして、論文の完成に先立って、前半部分を学会で発表し、口承文芸会誌に載せていただいた。

この論文について簡単にまとめてみる。

呪的逃走モチーフというのは、魔法の力に助けられて逃げるモチーフのことであるが、わたしはそれを「障害物型」「変身型」「親切と返礼型」の三つに分けた。日本では「三枚のお札」に「呪物を投げて障害物を作りながら逃げる」という、「障害物型」が含まれている。

「三枚のお札」では、お寺の小僧が和尚にお札をもらって山に行き、暗くなって泊めてもらったのが鬼婆の家だとわかって逃げるが、そのとき、お札を次々に投げて、山または森、火、川を作り出して逃げおおせるという展開になっている。さらに寺に帰り着いたあと、追いかけてきた鬼婆との間に一悶着あり、それは、和尚が鬼婆に法力で化け比べの勝負を挑み、鬼婆が小さくなったところを食べてしまう**「鬼を一口型」**、井戸に映った自分の姿を小僧だと勘違いして食べようと鬼婆が飛び込む**「井戸死型」**、逃げてきた小僧の身体に和尚がお経を書いて姿を消そうとして耳だけ書き忘れ、小僧が耳を切り取られる**「耳**

**切り型」**とそれぞれ特徴のある終わり方になっている。それらを分析した話数は六三九である。

さらに、呪的逃走モチーフをもつ日本の話として、「妹は鬼」「魔法の馬」など、いずれも「障害物型」の話があるが、さらに検討した結果、それらは外国から移入された話であると断定した。また、外国の呪的逃走話もできる限り集めて細かく分析、比較した。その結果、外国の呪的逃走話は日本以上に種類が多いことがわかった。「障害物型」のほかに、逃げるとき花や教会の牧師などに変身して目をくらませて逃げる「変身型」、往路に親切にした者に帰路助けられる「親切と返礼型」も多いのだ。

そして最後に、同じように、呪的逃走という魔法的なモチーフをもつ話でありながら、「三枚のお札」が日本的な話と感じられる理由を推定した。その鍵はお札という呪物とそれを授けた者によると考えた。つまり、日本的な寺の和尚という贈与者が魔法ではなく、法力や霊験によって奇跡を起こしたと聞き手に感じ取られるからであろうというわけである。

「三枚のお札」の場合、資料が極端に新潟地方に偏っている。水沢謙一氏の活動によるところが大きいが、その水沢氏の資料が多く集められているということで、新潟の図書館に土曜会のTさんと二泊がかりで調べに行き、帰りには長岡市のお寺にも調査に伺ったことがあった。お寺の説教の中で「三枚のお札」が語られることがあったと聞いたからであった。こちらはあまり成果があったとはいえなかったが、初めての新潟を知り、デスクワークだけが方法ではないということを肌で感じたことは、無駄ではなかったと思っている。

こうして、わたしは日本の昔話について、基礎と実際を学び、その成果を学会で問うという行程を辿ったことになるが、土曜会ではさらに、マックス・リュティの『**ヨーロッパの昔話**』をテキストとして、ヨーロッパの昔話の特徴を学んだ。この出会いもその後の学びにとって、大きかった。

## 日本民話の会・外国民話研究会

### 外国民話研究会の発足と仕事

土曜会には、**日本民話の会**の会員も何人か参加するようになっていた。

日本民話の会は「民衆の中に入っていって、語り伝えられてきた民話を聞き、集め、広める」ことを目的として、一九五〇年代に生まれた運動体であり、学びの場でもあった。当初は木下順二氏なども関わっていたようだが、のちには児童文学作家であり、民話の研究家でもあった松谷みよ子氏が中心になって三百人を越す会になっていた。

あるとき、Tさんに誘われて、民話の会の当時の機関誌「民話の手帖」の企画、「特集・外国民話一、ヨーロッパ　民話の過去と現在」という座談会に参加した。さらに、特集記事として、「昔話の源流『たのしい夜』と『ペンタメローネ』」という文章を執筆した。

そういうことがあって、わたしは日本民話の会の会員になった。

民話の会の活動の中には出版活動もあった。

先ず、講談社から『ガイドブック　世界の民話』を出すことになり、急遽陣容を整えて、準備にかかった。中心はフランス民話研究者の樋口淳氏であった。十数ヶ国を担当する約二十人が集り、毎回全員で原稿をチェックした。民話の会ではいろいろな本を出しているが、原稿には常に全員の厳しいチェックが入る。大変勉強になる作業であった。これが一九八八年の発行。続いて、『ガイドブック　日本の民話』を、こんどは日本民話の専門家といっしょに、同様に厳しい勉強会を経て一九九一年に出した。こちらは会員外の研究者も含めて全四十二名が担当した。この二冊はその後、『**決定版　世界の民話事典**』『**決定版　日本の民話事典**』として文庫化もされた。二〇〇二年のことである。

その間に出た、講談社文庫『**世界の昔話**』上・下（一九九一年）の仕事が終わったあと、樋口氏がベルギーに行かれることになって、残されたメンバーで外国民話研究会としてあらたな活動を始めることになった。代表者はとくに置かなかったが、それでも会はまわって行った。

初めのうちは、それぞれがテーマを決めて研究発表をしていたが、あるとき、「せっかくみんなが集めた資料を埋もれさせるのはもったいない、手作りでもいいから資料集をつくってはどうか」という提案があり、実行に移されることになった。

そして、結局、これを**テーマ別世界の民話シリーズ**として出版を三弥井書店にお願いすることになった。一冊目は「愚か村話」と決まったが、ここへきて、このテーマは差別的で問題があるのではないかと危惧されるようになった。

「愚か村」というテーマを提案した人は責任をとろうとしない。そのときには、わたしもイタリアの愚か村話に目を通していて、これは差別的だと退けられるものではないということに確信をもつようになっていたので、この巻の責任者を引き受け、解説を書いた。

ところで、外国民話の会にとって、忘れてはならないのが、故吉沢和夫氏の存在である。日本史がご専門であったが、博学な上に、穏やかで楽しい氏の存在が、個性豊かな面々の重し役になっていた。その吉沢先生がわたしの「愚か村」の解説を読まれて、さっそく褒めてくださった。先生も心配されていたのだと思う。わたしもほっとした。一言では書けないので、気になる方はぜひ読んでみてほしい。

その後、ほぼ二年に一冊の割合で、シリーズを出しつづけた。出版順に挙げておく。代表者は決めなかったが、編集委員は五人選び、巻ごとに回り持ちで編集長を置くことにした。以下にシリーズと、編集長、そして出版年を記す。

1、世界の愚か村話（一九九五年・剣持弘子）
2、世界の太陽と月と星の民話（一九九七年：新装改訂版二〇一三年・齋藤君子）
3、世界の妖怪たち（一九九九年・渡辺節子）
4、世界の魔女と幽霊（一九九九年・渡辺節子）
5、世界の運命と予言の民話（二〇〇二年・高津美保子）
6、世界の鳥の民話（二〇〇四年・新倉朗子）
7、世界の花と草木の民話（二〇〇六年・剣持弘子）
8、世界の犬の民話（二〇〇九年・渡辺節子）

9、世界の猫の民話（二〇一〇年・杉本栄子）
10、世界の水の民話（二〇一八年・高津美保子）

また、共同研究として二つの話型研究を、民話の会の機関誌「聴く　語る　創る」に載せた。
1、三つの質問をあずかる旅（二〇〇六年・十三号）
2、猿蟹合戦とブレーメンの音楽隊―　弱小連合、強きをくだく―（二〇一二年・二〇号）
そして、現在、「異類婚姻譚」を準備中である。

## 所属学会（入会順）と発表論文

昔話研究の成果の発表の場としていくつか全国規模の学会がある。わたしは最初の発表を日本口承文芸学会で行ったが、他の学会もそれぞれ会員獲得が急務であったらしく、その後つぎつぎに誘われて入会することになった。おかげで、わたしの方も、発表の機会が増え、勉強にも力が入った。入会順に学会を挙げ、そこで発表し、さらに会の紀要に掲載された論文を挙げる。

## 口承文芸学会

1、「『瓜子姫』―話型分析及び「三つのオレンジ」との関係」口承文藝研究一九八八年

2、「『三枚のお札』の成立―世界の逃走譚の中で日本の逃走譚を考える―」口承文藝研究一九九六年

## 日本昔話学会

3、「イタリア・トスカーナ地方の昔話伝承　『昔話の再生』昔話―研究と資料―二二号」三弥井書店　昔話学会　一九九四年

4、「昔話における時間　昔話―研究と資料―二六号」　一九九八年　昔話学会（シンポジウムの基調発表）

5、「昔話と植物　昔話―研究と資料―二九号」　二〇〇一年　昔話学会（シンポジウムの基調発表）

6、「イタリアから見た「赤ずきん」―ゲームのテキストから昔話へ―『昔話と子育て』昔話―研究と資料―三〇号」　三弥井書店　昔話学会　二〇〇二年

## 説話・伝承学会

7、「嘘話」 説話・伝承学一三号 説話・伝承学会（シンポジウムの基調発表） 二〇〇五年

## 比較民俗学会

小島瓔禮先生を代表とする全国規模の学会であり、年に一度大会を開催するが、会報「比較民俗学会報」は年に四回発行している。

二〇〇三年度大会の「共同討議・グリム兄弟は昔話に何を夢見たか」に参加を要請されて、「昔話の型（AT分類）について」を発表し、以後、会員となって、論文やエッセイを発表するようになった。

また、二〇〇五年には、比較民俗学会の斧原孝守氏の発案で、日本民話の会・外国民話研究会と合同研究会を持った。このときの成果は、日本民話の会の「聴く・語る・創る」十三号、「三つの質問をあずかる旅」（二〇〇六年）に掲載されている。

そして、私が車椅子生活となり、学会に出席できなくなった今も貴重な発表の場を提供

してくれている。

「比較民俗学会報」に掲載されたわたしの論考とエッセイは次の通りである。

〈論考〉

1、「昔話の型（AT分類）について」二〇〇三年八月号

2、「主人公の運命の緩和に関する一考察―イタリアを中心に―」二〇〇四年九月号

3、「イタリアの形式譚―事例と考察」二〇一四年五月号

4、「イタリアの難題話」二〇一七年一月号

〈エッセイ〉

1、美濃の民俗　その一　昔話と伝説　二〇〇四年六月号

2、美濃の民俗　その二　地主屋敷と水屋　二〇〇四年九月号

3、美濃の民俗　その三　お雑煮の話　二〇〇五年一月号

4、フィレンツェ鍵物語　二〇〇八年　七月号

5、サッカー狂騒曲　二〇〇九年一〇月号

6、「老人施設は現代の親捨て山」考　二〇一五年七月号

3、は書き直して、『カレーライスは日本食　わたしの体験的食文化史』二〇一七年　女子栄養大学出版部　に収録）

# 五章　民俗学へのいざない

民俗学とは、民話の研究だけでなく、民衆の営んできたさまざまな分野の事象を批評的に切り取って表現することである。表現にもさまざまな方法があってよい。文献を漁ったり、古老の話を聞きに行くことだけが民俗学の方法ではない。じつのところ、わたしはいつの間にか自分が立派な古老の域に達していることに気がついた。だれも話を聞きに来ないなら、自分で書けばいいのだ。それに、なにも年とってからはじめなくてもいい。頭がはっきりしているうちに、あなたもはじめませんか？

## 現代都市民俗

### サッカー狂騒曲

# 愉快な戦勝パレード

一九九〇年、この年、わたしたち夫婦はイタリアにいた。花の都フィレンツェである。着いたのは春、当時、街道沿いにはあちこちに大きな看板が立っていて、MONDIALEという文字がいやでも目についた。初めのうちはその言葉の意味するものを知らなかった。この言葉は、そのまま訳せば、「世界の」という意味である。だが、それが四年に一度のサッカーの世界大会であり、その年はイタリアが当番国であることがわかるまではしばらく時間かかった。そのころの日本サッカーはワールドカップなど夢の夢でしかなかったのだ。

当時、長男はフランスのパリに留学していたが、その長男から電話がかかってきて、サッカーのチケットを手に入れてほしいという。それも、どの試合でもいいというわけではなかった。息子がほしいというチケットは、もうパリでは手に入らないという。わたしたちにとってもそれは難問だった。

どの試合が良い試合なのかまるで見当もつかなかったわたしは、結局、試合の日程表を手に入れて、息子の来る日にフィレンツェで行われる試合を特定し、そのチケットを買うことにした。

ある日、教えられるまま、銀行の前にできていた列に加わって人々の話をきいていると、その日の八時に、全国で一斉に売り出され、あっという間に売り切れるらしいということがわかった。そして、まったくその通りのことが起こった。最前列の一人か二人が手に入れたというささやきと同時に、行列は崩れ去った。

息子の方でもそれは予想していたことらしく、案外、試合直前に会場に行ってみれば手に入れられるという情報をあてにして、フィレンツェにやってきた。

案の定、チケットは競技場の前の店で簡単に買えたという。試合開始時間が迫れば、売り惜しみなど出来ないということらしい。これはサッカーの試合だけではなく、オペラの場合にも起こることらしい。

夏の夜、ベローナの円形劇場で「アイーダ」を観たときも、チケットを持たずに行ったが、きっと手に入るという友人の言葉通り、直前に行って手に入れた。ダフ屋というのは、売り惜しみして売れないより、開場直前ともなれば安くしてでも売らなくてはならないということだ。

さて、その日はフィレンツェ在住の友人と、アルノ川のほとりにあるレストランで夕食をとることにしていた。息子も試合が終わったら、そのレストランに来るという。フィレンツェでの試合はテレビでも放映されるので、試合が終わったことをテレビで見届けてから出かけても間に合うと踏んでいた。初めてテレビで観るサッカーの試合は、結構面白かった。好カードだというだけあって、ボールを目で追っていれば、なんとなくそのスピード感に乗せられ、ゴールの網が揺らされれば点が入ったのだということも、観客の歓声とともに楽しめた。その十二年後には日本でも、日韓合同でワールドカップが開催されることになり、わたしはいつのまにかサッカーのかなり熱心な観客になっていた。

それはともかくとして、試合を観てきた息子との待ち合わせもうまくいって無事合流でき、わたしたちはレストランの席に着いた。そのとき何を食べたかということは忘れてしまったが、そのあと起こったことは、今でも忘れない愉快な光景であった。

ジャラン　ジャラン　ガンガンガン　という派手な音に、何ごとかと友人の顔を見ると、

「いつもこうなのよ」と彼女は苦笑している。

その日、イタリアのチームはローマで試合をしていて、たった今、勝ったのだという。地元フィレンツェでの試合はイタリアのチームではなかったので、競技場には行かず、多くの人はレストランで、イタリアチームの出るローマでの試合をラジオで聴いていたのだった。ややこしい。

表に出て見ると、そこでは店のコックさんが、鍋と鍋を打ち鳴らしている。

ジャラン　ジャラン　ガンガンガン

イタリアの多くの都市がそうであるように、レストランの前の道路も一方通行なので、次々に通る車はみな同じ方向に走っている。鍋の音に応えるかのようにクラクションを派手に鳴らしながら行進する。わたしたちも、友人の車に乗りこんで、その列に加わることになった。そのうちラッパの音も混じるようになった。道端にはラッパや国旗の三色旗を売るものも出てきている。クラクションとラッパを派手に鳴らし、三色旗や手を振ってパレードが通ると、沿道の人々もそれに応えるかのように、歓声をあげたり、手を振ったりしていた。

フィレンツェは人口が約五十万、とくに、歴史的中心部は、一戸建てではなく五階建てか六階建てのビルが集中しているので、それを囲む街路は車で一周するのにほどよい距離である。

地元のスタジアムで行われた他国同士の名試合より、同じ時間にローマでやっていたイタリアの試合の方にフィレンツェの人々の関心が向いていたのだ。そんなことがあったあと、サッカーが急に身近になったような気がした。

イタリアに長くいる別の日本人に言わせると、イタリア人がほんとうにイタリア人になるのはサッカーのときだけだという。普段はイタリア人である前に、フィレンツェ人であり、ローマ人であり、ミラノ人なのだという。

## 犯人はだれだ？

以前にイタリアに行ったとき、フィレンツェのバスの中でスリに財布をすられそうになったことがある。実際にすられたのは財布ではなく、パスポートだった。もちろん、その時のわたしにとっては、パスポートの方が大事だったのだが、そのパスポートを、なくなったことをこちらが気がつかないでいるうちに、返してくれたのだった。

ミケランジェロの丘から、帰りは歩いて行こうとのんびり坂道を下っていると、後から追いかけてきて、わたしを指さし、これはおまえのだろうといって、革製のパスポート入れを手にした男たちがいた。

彼らは中身を示して、この写真はおまえのものだろう、拾ったから返すという。こちらは、すられたことに気づかずにいたので、最初はなんのことかわからず受け取って、ろくにお礼も言わないで先を急いだのだが、どうも腑に落ちなかった。どう考えても落としたはずはなかった。パスポートはバッグの中のファスナー付きのポケットに入れてあったのだが、そのファスナーは閉じたままで、外側の留め具もちゃんとしまっている。中のものが落ちるはずがなかった。バスは混んでいた。それにしてもすりとしてなかなか腕がよかったということであろう。

ほんとうは財布がほしかったのに、手にしたのはパスポートだったので、さも親切そうに拾ったなどと言ったのだろうか。欲しかったのはもちろん財布のほうだっただろう。わたしのパスポート入れは一見財布と思われるものだった。

そのあと会った友人にそのことを話すと、そばにいた友人のイタリア人のご主人がすぐさま口を挟んで、

「そんなことをする者は絶対にフィレンツェ人ではない！」

と断言したのだった。実際返してくれたのはアラブ系の感じではあったのだが。

長い間小国に別れていて、十九世紀の末になってやっとイタリア国として統一されたことは知っていたし、日本でもその頃、明治維新があって、それまでは各藩に分かれていたことは知ってはいたが、それとこれとはちょっと違うような気がする。

（比較民俗学会報　二〇〇九年十月号　収録）

## フィレンツェ鍵物語

もう何年も前から、日本では、ピッキングとやらの被害続出で、わたしが住む高層住宅団地でも、イラン製の鍵にとりかえた。鍵後進国の日本が、鍵先進国のイランにお世話になった。

もちろん、鍵後進国というのは幸せな社会でもあったのだが、そんなのんきなことも言っていられない最近の情勢らしい。

イタリアも、日本にくらべれば、まさに鍵先進国であるわけだが、今回、取り換えたイラン製の鍵とはちょっと事情が違うようだ。つまり、イラン製の鍵が、一個ずつ、じつに精密にできているらしいのに比べて、イタリアの場合はまさに、質より数という感じだったのである。

## アパートのものものしい鍵

わたしたち夫婦がイタリアで一年間過ごしてから、すでに十年以上たつ。その一年間に、観光旅行で通り過ぎるだけでは知りえなかったさまざまな経験をすることができた。そのうちの一つが鍵の問題であった。

最初に二ヶ月暮した、ピッティ宮殿近くの職人の町の、歴史の感じられる石造りの下宿を、風呂も電話もないという理由で出て移ったのは、当世風のコンクリートのアパートであった。五階の我が家のベランダからは、ほぼ真下にアルノ川が見下ろせ、さほど遠からぬ遠景として、ドゥオーモの円屋根が望めるという、一年間のフィレンツェ暮らしには、場所としてはかなり満足のいく住まいであった。

ところで、先の下宿の鍵の厳重さにも驚かされたが、このアパートの鍵はさらに厳重であった。日本のマンションなどの鍵は、一つの鍵穴にシリンダー錠を突っ込んで、半回転させると、舌錠の突起が出て、それが扉の枠の穴に差しこまれるというものが一般的である。鍵穴に何かを突っ込んで、ちょっと動かせば、本来の鍵でなくても簡単に舌を引っ込めることができるというのが、ピッキングの容易な理由のようだ。新しく取り換えたイラン製の鍵は、やはり、舌を一本差しこむところはそのままで、その舌を動かす鍵の複雑さで勝負するというものであるらしい。

ところが、フィレンツェの場合、根本的に考え方が違っているようだ。まず、フィレンツェの扉は、日本のように、片開きではなく、両開きの大きな扉であった。日本なら、その両方の扉をとりあえず離れないように止めておこうとなるようだが、それでは、どんなに厳重に止めようと、扉ごと枠からはずしてしまえばおしまいなのである。

それではどうするか？　扉ごと、上下左右をがっちり枠に固定してしまうしかない。扉を家の内部から見ると、水平にも、垂直にも、中ほどに一本ずつ角材が通っていて、その角材の上下の端が天井と床に、そして、両サイドは壁にがっちり食い込むようになっているのであった。その大げさというか、壮大さというか、これ以上ないという頑丈さには脱帽するほかなかった。そして、その垂直と水平の角材を動かすための大きな鍵が二つ、そのほかに、二枚の扉を真ん中で止める鍵が二本あって、扉の外側には、合計四つの鍵穴が開いているというわけである。その四つの鍵の回し方が、また、それぞれに違っていて、一筋縄ではいかないのである。回す方向も違えば、回数も違う。日本のように半回転ですむものなどひとつもない。

鍵後進国からやってきたわれわれには、なんともしんどいことであった。いくらか慣れてくると、鍵後進国のいい加減さが、さっそく、手抜きを考えついた。つまり、泥棒はたぶん四つともいじってみるだろう、そういうことなら、こちらがかけておく鍵は三つだって同じことではないかというわけである。かかっているかいないかなんて外から見ただけではわからないだろうから、そのかかっていない一つも同じようにいじってくれるだろう。そうなったら、開ける時間は同じじゃないか。

ということで、われわれは、途中から鍵をかけるのを、一つ省略することにしたのだった。結局泥棒には入られなかったから、手抜きによる省エネは効果があったことになる。

## 厄介なポルトーネ

イタリアで暮らした人はだれしも経験したと思うが、イタリアのアパートにはまず、ポルトーネ（大門）と呼ばれる、アパート全体の大きなドアがあり、そこを通過しなければ、各戸のドアまで行くことはできない。われわれのアパートのポルトーネの鍵は、各戸の鍵のものものしさにくらべると、小さくて、なんともチャチなものだった。コピーの鍵だったこともあって、最初のうち、なかなか一度で開けることができなかった。あるとき、どうしても開かなくて、とうとう、勇気を出して、見ず知らずのよそのお宅をよび出し、

「五階のジャポネーゼですが、鍵がうまく開けられないので、ポルトーネを開けてください」

と、お願いしたこともあった。結局、その鍵は作り直してもらって、その後は無事に開けられるようになったのだが、とにかく、鍵をもっていないものは、住民のだれかに家の中から開けてもらわなければならないのだ。最近でこそ、日本でもこのシステムを採用するマンションも増えているが、防犯にどれほど役立っているのか、抜け道も多そうだ。だれか鍵を持っている人が入るとき、いっしょに入ってしまえば入れるのである。

一日に一度はやってくるのがポスティーノ（郵便配達夫）である。郵便物を各戸のポストに入れるには、ブザーでどこかの家を呼んでポルトーネを開けてもらわなければならない。もちろん、郵便物のきている家を呼ぶわけだが、その家が留守のときには、郵便物がなくても呼ばれることがある。

家の中のブザーが鳴ると、あわてててインターフォンに出る。

「ポスティーノ！」

と、一声。こちらは、急いでボタンを押す。下ではポルトーネが開き、ポスティーノは門の中に入って、入口近くに並んでいる各戸のポストに郵便物を入れて出て行く。そういうときはとくに慌てて降りて行くことはないのだが、ときには、

「シニョーラ、フィルマ！」

と、怒鳴られることがある。要するに、小包なり、書留なりが来ていると、署名しろ、というわけだ。五階まで上がってきてくれることなどない。こっちは慌てて降りて行くことになる。その時が危ないのだ。

鍵をもたずに飛び出そうものなら、ドアはうしろで、容赦なく閉まり、鍵もかかってしまうのだ。

失敗したのは、夏が近いころだったろうか。わたしは、「フィルマ！」の声に飛び出した。なにしろ五階である。エレベーターはあるが、一台しかないから、待たされることもある。いつかはやっと降りて行ったら、もう、ポスティーノは帰ってしまったあとだったということがあった。そうなると、わざわざ郵便局まで受け取りに出向かなければならない。だから、わたしは、

「ヴェンゴ、スービト（すぐ行きます）！」と怒鳴って一目散に駆け降りる。エレベーターなんか待っていられない。そのとき、うっかり、鍵をもっていくのを忘れたのだ。小さな

包みを受け取ったものの家には入れない。そのときのわたしは普段着の夏のワンピースに、部屋履きのサンダルという格好であった。

もちろん、財布はもっていない。

その日、わたしの授業はなくて、夫は語学学校にいた。帰ってくるまでには三時間ほどある。お金ももっていないのだから、買い物でもして時間を潰すこともできない。その辺を散歩するにはちょっと薄ら寒い陽気であった。しかたがない。取りに行くことにした。

駅前にある学校までは、バスでうまくいって十分ほど。歩くと小一時間かかる。お金はないが、定期券を購入してあったので厳密にはただ乗りではない。やましい気持ちはなかった。申し開きはできる。万一罰金を科されても、払いに行くとき定期券を見せれば許してもらえると踏んだ。バスに乗るときにはいちいち定期券を見せなくてもいいのが救いだ。ただ、たまに抜き打ち検察があり、ほんとうにただ乗りだと、罰金は高いときいていた。

バスは空いていた。こういうときは検札がありそうだなと、弁明の言葉をイタリア語で考えながら、かなりびくびくしていたのだが、素知らぬ顔で、窓の外などを眺めていた。

そして、なんとか無事に夫から鍵を受け取って帰ることができたのだった。

鍵一一〇番

コートなど着ていなかったから、秋も早い頃だったと思う。土曜日の夜だった。わたしたち夫婦は、フィレンツェ在住の友人S子さんと駅に近いレストランに予約を入れて食事にでかけることになっていた。この前のことで懲りていたので、友人の習慣を真似て、家にいるときには鍵束を内側から鍵穴にさしこんでおくことにしていた。そうすれば、ドアを開けるとき、いやでも鍵に気がついて手に取るだろう、というのである。

ところが、これが裏目に出た。夫との連携がうまくいかなかったのだ。夫がひと足先にドアを開けて外に出、ドアは大きく内側に開けてあった。わたしは、夫がてっきり鍵を抜いて外に出たのだと思った。だが、鍵束はわたしのものであって夫のものではなかった。夫にしてみれば、わたしがそれを抜いて出てくると思っていたのだろう。

そんなこととはつゆ知らず、わたしは鍵も持たずにそのまま開いている玄関から出ると、外側からドアを閉めてしまったのだ。その間、わたしの目に鍵は入っていない。だが、鍵束はしっかり、ドアの内側にさし込んだままだったのだ。

「あーっ！」

わたしは自分が鍵を持っていないことにすぐ気がついた。

夫の鍵を使って外から開けてみようとしたが、内側から鍵のささった鍵穴に、外から鍵は入らない。どうすればいいのだ?!

レストランの予約の時間が迫っていたので、とにかく出かけた。友人に事情を話すと、そんな経験をしたことのない彼女には的確な判断は難しいようだった。

「なんとかなるわよ。とにかく食べましょうよ」

ということで、折角の料理がまずくならないように、とりあえず、あまり考えないことにした。フィレンツェの駅に近い、魚料理で知られるレストランだった。どれもこれもトマト味で、期待したほどではなかったが、味もわからないというほどには心配していなかった。なんとかなるかも？　と、つとめて悲観的にならないようにしていた。

ところが、なんともならなかったのである。夜遅く、友人にもつきあってもらって、外から中の鍵を押し出そう試みたが、びくともしないのであった。

こういうときのために、鍵一一〇番があると友人は教えてくれたが、番号などすぐにはわからない。しかたがないので、その夜は近くのホテルに泊まることにした。

アルノ川の橋を渡ったすぐのところに、日本人もよく利用する三つ星のホテルがあり、なんとなく親しみを感じていたので、迷わずそこに行った。

日ごろ、貴重品をすべて持ち歩いていて助かった。滞在者なのだから、アパートにしまっておくという選択もあったのだが、持ち歩くのも危険なら、置いて出かけるのも同じくらい危険なイタリアで、わたしは全財産を持ち歩く方を選んでいたのだった。イタリアでホテルに泊まろうとすれば、パスポートは絶対に必要だ。

アパートのベッドより寝心地のいいベッドで眠り、ひとさまの用意してくれた朝食で、主婦としてはありがたい週末ではあったが、鍵のことを思うとのんびりはしていられない。

友人に電話すると、鍵一一〇番に電話してくれたとのこと、ただし、二十四時間体制をうたっていながら、結局、朝になるまで通じなかったということだった。

さて、鍵屋は昼前には来てくれるというので、時間をみはからい、少し早めにアパートの前で待機した。

鍵修理人は若い男性だった。気さくなお兄さんという感じで、見かけは好ましかったが、これがなかなかのしたたか者だった。われわれを外国人と見て、ふっかけるのである。

鍵は壊すほかに修理のしようがないという。それは納得した。しかも日曜日で、休日料金だという。これも仕方がない。しかし、日本円に換算して五万円という修理費は、物価の安いイタリアではいかにも高い。家賃の半分だ。その十万円という家賃だって、外国人向けの値段なのである。規制があって、イタリア人にはそんなに高くは貸せないのである。

相手は一歩もひかない。だめなら帰るという。開けてもらわなければ、こっちはどうしようもない。すっかり足元をみられてしまったわけだ。

鍵を壊すには電気ドリルを使う。電源が必要だ。日曜日、騒音を響かされた上に、電源を貸すなんて、気分のいいものではないだろう。しばらく、ドアは開けたままにしなければならない。案の定、お隣のおばあちゃんには、今日はひとりしかいないからと断わられて、そのお隣の若い奥さんにやっと貸してもらうことができた。

一時間以上かかったと思う。その間、われわれはドアの前の階段に腰を下ろして待った。どこかで時間を潰してくるなんてことは思いもよらなかった。いつ開くかわからなかったのだから。修理のお兄さんは上機嫌だった。思いがけず、大金が懐に入るからだろう。いまいましかったが、どうしようもなかった。

それ以来、わたしは鍵束をドアの内側に差し込むのはやめて、スカート、またはズボンの腰の内側に、まとめて安全ピンで留めることにした。朝起きるとすぐにとりつけ、寝るまでそのままにしておいた。結構大きな鍵もあって重かったが、しかたがなかった。

帰国後、日本の我が家では、イラン製の鍵にご厄介になっている。今までよりは頼もしいが、その開け閉めは、フィレンツェの鍵にくらべて、いたって簡単で、むしろ頼りないとさえ感じている。

（比較民俗学会報　二〇〇八年七月号　収録）

# 我が家の機械化事情

## コピー機のリースとワープロ事始め

昭和の終わり頃、ものを書く人間にとって、そろそろ手書きではすまない時代になってきていた。メディアではワープロという名前が目に付くようになった。わたしも怖いもの見たさでだんだん近づいて行った。わかったような、わからないような、でも、避けて通れないという気にさせられた。

長男が修士課程にいたころ、大学に業者がワープロを売り込みに来て使い方を教えてくれたらしい。営業作戦としては上々だったと思う。

長男がワープロを買って欲しいといい出した。値段は二〇万ちょっとだったと思う。買ってくれたら、代償としてわたしに使い方を教えるという。長男の作戦も上々だったというべきか。わたしが乗せられたというべきか。当時、バイトで買えるような値段ではないことはわかったし、いずれわたしにも必要になることは想像できたので、買うことにした。シャープの〈書院〉という、そのころのテレビのように奥行きのあるゴロンと転がりそうな形をしていた。

長男の修士論文の締め切りが迫っていた。当時、学生は論文をまだ手書きすることが要求されていたようだが、添付する資料だけはワープロを使ってもよいというところまでは来ていたらしい。その資料を作成するのがわたしの役目で、それが使い方指南の教材でもあった。

当時、我が家ではコピー機をリースで導入していて重宝していたが、まだ初期の家庭用で、過酷な使い方をするとすぐに熱を帯びてきて、その都度、少し休ませなければならないという代物であった。

ある日の夕食後、作業は始まった。翌日の正午までに論文を提出しなければならないという。

息子は手書きした本文を二部ずつコピーしていた。機械が熱を帯びてくると休ませ、その間に、わたしに添付資料をワープロで打たせるのだ。初期のワープロはいちいちシステムフロッピーを入れたり出したり、大変手間のかかるものだった。

それに、西洋史という論文の性質上、資料は日本語だけでなく欧文混じりである。なにもかもいっしょくたに一から始めるのだ。息子がコピーをしている間に、わたしは息子が手書きしていた添付資料を見ながらワープロで打つ。息子は、さすがに低姿勢で根気よく教えてくれたが、なんの予備知識もなかったわたしは必死だった。なんとか提出用のコピーとワープロで作成した資料ができあがった時は夜が開けかけていた。

おかげで、わたしはワープロを一応習得できたが、その代償として、目を痛めてしまった。後日眼科で診てもらったら、かなり強い乱視になっていた。今でもその気は残っている。

リースしていたコピー機は、期限の五年が近づくと新しい機器が勧められるようになり、どんどん性能のよいものに取り換えられていった。機械に弱くてワープロには近づかなかった夫も、すっかりコピー機には慣れ、嬉々として授業の資料作りに励んでいた。

長男は修士論文を提出したあと、その後、急速に廉価になって出回りはじめたポータブルのワープロを、今度は自分で買い、それを持ってフランスに留学して行った。わたしにはでかい「書院」が残された。結局、このワープロは、わたしが自分のために買って、息子に貸していたことになるのか？

当時、ワープロはよく故障した。どんどん性能がよくなって、新しい機器がつぎつぎに売り出されるようになっていた。大型の「書院」の場合は業者が出張修理にきてくれたが、ポータブルに買い替えた途端、出張修理はできないと言われ、重いワープロを持って四駅先の町田のシャープの出張所まで行かなければならなかった。当時、まだ便利なキャリーバッグは出回っていなかったから、重いワープロを手に下げて、町田の駅から十五分も歩かなければならなかった。

一九九〇年の春、今度はわたしたち夫婦が三台目のポータブルのワープロを抱え、変圧器なども用意してイタリアに渡った。パソコンのように送付機能のないワープロでは、書いたものをいちいちプリントして日本に送らなければならなかったが、それなりに役にたった。機械はなんとか一年間故障しないで持ちこたえてくれた。

## パソコンに転向

一年後、帰国すると、世はパソコン時代になろうとしていた。今度は、外国民話研究会の若い人たちに触発されることになった。

研究会のための資料の取りまとめをしてくれていたIさんは、息子世代の優秀な技能者である。当時、まだウインドウズが売り出される前で、マック（マッキントッシュ）を使っていていた。Iさんには、帰国後もわたしがまだワープロを使っていると知って、「信じられない！」とあきれられた。研究会全体のためにも、全員がパソコンの使い手になることが要求される時代になっていることは理解できたので、パソコンの指南をお願いした。

そのころには、次男も就職していて、グラフィックデザイナーという仕事柄、会社でパソコン（マック）の使い方を習得していたので、先生は二人ということになった。

買い物好きの次男は早速、電機店に連れて行ってくれ、マック本体といろいろ付属品を選び、すぐに使えるように、セットしてくれた。

わたしはまず、パソコン教室一日コースというのに入って、機器の使い方、初期化の仕方を学び、なんとか文書を作成することを覚えた。

一日コースとはいっても、さらに続ける人は多いようだった。

「ありがとうございました。明日から来ません」とわたしがいうと、他の人たちには、「このおばさん、やっぱり諦めたのね？」という顔をされた。

ところがどっこい、わたしはおばあさんになってもまだ、パソコン現役である。

それからは、ことあるごとにIさんと息子という若い世代の二人の先生に助けてもらいながら、なんとか研究会の若い皆さんについて行けるようになった。

もっとも、世の趨勢はマックからウインドウズに移っていた。どっちも使えるに越したことはないと、ウインドウズのソフトを入れて挑戦してみたが、こっちは早々にダウンした。マックの方が格段に簡単であった。簡単に諦めてしまうところはやっぱりおばさんなのであった。当初はマックでもウインドウズと互換性があって面倒なことは起らなかったが、いつしか、そうも言っていられなくなった。マックの文書をウインドウズに添付メールで送ると、特殊な記号が化けてしまうのである。今は、できるだけ特殊な記号を避けることで凌いでいる。やっぱりおばさんなのであった。

その頃には、個人としても会としても仕事をするのにパソコン使用はもう避けられなくなっていた。出版社への原稿提出は、手書きでは肩身が狭いという時代になっていた。その分、編集者はずいぶん楽になったということだろう。

わたしが怪我のために定例会に出席できなくなって十年余、今、かろうじて、研究会のみなさんとメールではつながっている。だが、会では新しく、スカイプだの、ドロップボックスだの、iPadだの、名前はきくけどよくわからないものが導入されているようだ。もう、中心メンバーからははずしてもらっていて、会にはなんとか仲間に入れてもらっているが、年寄りには恐ろしい世の中になったものである。

〈二〇一七年八月　書き下ろし〉

## ピノッキオ公園のモダンアート

『ピノッキオの冒険』はイタリアでもっとも有名な児童文学である。

嘘をつくたびに鼻が伸びるというピノッキオは、世界中でもっとも有名な操り人形だろう。創作童話ではあるが、作者の民話経験のうかがえるお話でもある。ちょっと古典的で、だが、結構面白い。お話を読んでいなくても、ピノッキオのことはディズニーの映画などでかなり知られているはずだ。

イタリアに長期滞在するからには、ピノッキオ公園はぜひ訪ねたいと思っていた。

作者コッローディの生まれはフィレンツェで、その生誕の家は町なかのビルの一角にある。尋ね当てた建物の壁に打ち込まれた銘板は、家々の窓から垂れ下がる、にぎやかな洗濯物の中に見え隠れしていた。

コッローディというのは筆名で、作者の母方の故郷の村の名前である。ピノッキオ公園は、そのコッローディ村に作られた。彼の本名はカルロ・ロレンツィーニという。

フィレンツェから西に向かってティレーノ海まで伸びるローカル線の中間あたり、小さな駅で降りてバスに乗る。駅名は忘れた。ネットで調べたが、今の地図は道路の方が優先らしく、見つけるのが難しい。

その小さな駅からバスが出ているはずなのだが、大方の観光客はフィレンツェあたりから観光バスを仕立ててくるので、めったに利用者はいないらしい。

かくいうわたしも、一回目はフィレンツェから友人に車で連れて行ってもらった。

コッローディ村には、母方のお祖父さんだか伯父さんだかが仕えていたという領主の館が今もある。わたしが行ったときは、内部も見せてもらえたが、老朽化が激しくて危険だということで、まもなく閉鎖されたと聞く。だが、その館の立派なガルゾーニ庭園は今で

ピノッキオ公園のモダンアート　金の成る木

も観賞できるはずだ。
庭園のそばにピノッキオ公園と博物館がある。
そのピノッキオ公園には、物語の場面を表現した彫刻が、筋にしたがって配置されている。これがなんともぶっ飛ぶようなモダンアートだった。
子どもたちの作成したような壁画に囲まれたあまり広くない広場を抜けると、竹藪や、手入れの行き届いた植え込みの中を迷路のように遊歩道が続く、そして、その中に、金属製（素材は不明）の、かなりデフォルメされた彫刻が配置されているのだが、これが、古典的なお話には不似合いなほどモダンなのだった。もっとも、お話そのものも、かなり奔放な内容と言えるの

ピノッキオ公園のモダンアート
ピノッキオ

ピノッキオ公園のモダンアート
漁網

で、見方によってはふさわしいのかもしれない。

彫刻はお話の筋に添って配置されているので、わたしのような、（抄訳とは言え）お話を訳した者には、それぞれの場面が想像されて納得いくのだが、大方の観光客にはたして、どの場面を表しているのかわかるのだろうか？　もっとも、イタリアの子どもたちなら、わかるのだろうと期待しておこう。ともあれ、いくつかの彫刻の写真を紹介しておく。

ところで、イタリアの芸術は、今さらいうまでもないが、かなり華麗な歴史を誇っている。

例えば、文学ではダンテの『神

曲』。日本でも訳書の数は多い。ボッカッチョの『デカメロン』、マンゾーニの『許嫁』、ウンベルト・エーコの『薔薇の名前』、近いところではカルヴィーノ『木登り男爵』。このカルヴィーノが『イタリア民話集』を編纂している。

絵画、彫刻では、ミケランジェロ、ダ・ヴィンチ、ラファエッロなど有名どころがズラリだ。

また、戦後のイタリア映画はネオレアリズモと呼ばれるロベルト・ロッセリーニの「無防備都市」、ヴィットリオ・デ・シーカの「自転車泥棒」、ルキノ・ヴィスコンティの「郵便配達夫は二度ベルを鳴らす」、さらにフェデリコ・フェリーニの「道」など、たとえ日本人が忘れても、イタリア人にとっては誇らしい作品にちがいないだろう。

ところが、わたしがフィレンツェに滞在中に経験したかぎりでは、テレビのドラマは殆どアメリカ製、アニメは日本製であった。

思うに、過去の栄光にとらわれていて、「テレビ向けのドラマなんか作っていられるか」というプライドがあったのではないか？

現代の児童文学がふるわないことにも、同じようなことが言えるような気がする。絵本にしても、素晴しい絵を描く絵本画家がいないわけではない。だが、例えば、イタリア人の画家の名に引かれて絵本をとりよせてみれば、文章は外国人、つまり、よその国の物語に絵をつけているのである。これでは翻訳者の出番はない。現代のイタリアの児童文学は、ちょっと不毛なのではないか？

これらはあくまでもわたしの独断と偏見かもしれない。だが、まったくの的外れだとも言えないのではないか。

ピノッキオ公園で、植え込みの中の小道を、お話と突き合わせるようにして彫刻を眺めて歩いた後、その日はそれでおしまい。日が暮れかかっていた。後日もう一度行ってみることにした。

二回目は友人に頼らないで行ってみようと思った。朝早く夫と家を出れば、午後はルッカまで足を伸ばせるだろう。ローカル線に乗り、ピノッキオ公園最寄りの駅に着いた。駅前にバス停があったので、時刻表を見てみると、一日に二便しかない。当分来そうもなかったので、タクシーをたのもうと思ったが、公衆電話などないので、駅前の、たった一軒のバールに入ってそこの主人に頼んだ。一応電話はかけてくれたが、「すぐにきます」とはならなかった。どうやら、タクシーは一台しかないような感じだった。時々催促して、かなり待ったが、ついにしびれを切らして、ことわってもらった。この調子では、なんとか公園に着いても、帰りのタクシーがつかまる保証はなかった。

あきらめて、次の予定地ルッカに行った。おかげで、ゆっくりルッカの観光ができた。

というわけで、イタリアでは車がないと、気ままな観光旅行は難事業だということが身にしみてわかった。

ピノッキオ公園で買った操り人形が、今もわたしの部屋の本棚の脇にぶらさがっている。ときどき靴が脱げて行方不明になるのだが、あえて探さないでいると、忘れたころに、どこかから出てくる。冥土まで同行してくれる気かもしれない。

（二〇一七年七月　書き下ろし）

## 「老人施設は現代の親捨山」考

最近、昔話「親捨山」についての論考を続けて二本読む機会があった。

「親捨山」は、いわゆる五大昔話ほどでなくても、かなりの日本人に知られている昔話だと思う。

柳田国男によれば「親捨て畚型」「難題型」「老婆致富型」「枝折り型」に分けられるようだが、わたしが子どもの時に親しんだのは「難題型」で、殿様が敵国に難題を出されて困っているのを、老人が解いてみせる、というものであった。「年とった老人は山に捨てる」という国の掟に背いて、息子が親を家にかくまっていたのだ。

難題はいろいろあるが、多くは「灰で縄を綯う」「曲がりくねった細い穴に糸を通す」「一本の丸太のどちらが根元に近かいか」というものである。

ところで、この親捨山の話をわたしが初めて知ったのは、子どものころの絵本で、それは中国の話だと紹介されていた。その後、インドやその他の中東あたりまで遡ることも知った。

そういう学問的なことはさておき、最近読んだ二本の論考に、そろって「現代の親捨山は老人施設だ」というフレーズがあり、ちょっとショックを受けた。これは別に目新しいフレーズではないのだが、今回ショックを受けたのは、わたしが今、その老人施設に入っているからにほかならない。

ところで、現在、老人施設といわれるものには、公費の補助を受けた比較的廉価ではあるが現在五十二万人待ちといわれる特別養護老人ホームから、補助のない、介護付き有料老人ホームまで、数種類ある。わたしは入院中に夫を亡くしたのだが、退院時、医師に「一人暮らしはできませんよ」と釘を刺されていた。待ったなしの状態で、息子の探してくれた現在の介護付き有料老人ホームに、高いことを承知で入った。それまで住んでいた家を売って資金としたのだった。

ここで、老人施設について、わたしに関わるエピソードを二つ書いておこう。

一つは母のことである。母は十年ほど前に、百一歳で亡くなったが、九十歳を越すまで、わたしの妹と暮らしていて、妹が日中勤めに出ている間、買い物や食事などもこなしていた。ところが、一度ボヤを出しかけて、独りで置いておけなくなり、施設に入ってもらうことにしたのだった。妹は、当時神奈川県庁を定年退職となり、その施設、ケアハウスの施設長におさまっていた。母にとっては、いや、わたしたち兄妹にとっても、安心できる絶好の条件に思えた。

ところが母の心情として、それはまさに親捨てにほかならなかったようだった。ケアハウスは当時新しくできたばかりの公的な性格を持つ施設で、妹の話によると、地主が土地を提供し、建物を建て、運営は市が担当するという仕組みになっていて、入居者の負担は所得に応じて勘案されるということだった。おかげで母は父の遺族年金だけで生活できた。しかし、現在は希望者が多く、なかなか入れないときく。その後そんな奇特な地主はあまり現れないのか、ケアハウスという名前すらあまりきかれなくなっている。

妹は十年後、その職を後進に譲り、みずから次の職場をグループホームと定め、現在はそこで、ケアマネージャーとして仕事を続けている。

グループホームというのも、老人施設の一形態であるが、あまり重症でない認知症の人たちが、十人前後のグループを作って、もちろん職員の助けを受けて、共同生活をしているようである。

ケアハウスに戻るが、そんな好条件の施設も、当時は広報で募集してもなかなか入居者が集まらず、おかげで母はすんなり入れた。ところが、母の心情としてはそうすんなりとはいかなかった。

母にしてみれば、二人の息子も、そして長女であるわたしまでも、いっしょに住もうと言わなかったことが不満なようだったのだ。

「あんたも、そんなところにお母さんを入れたいのか」と、わたしは責められた。わたしは、「こんないいところ、わたしも年をとったら入りたいわ」と母の気持ちをかわしてしまった。でも、これはわたしの正直な気持ちでもあった。母をもし我が家でひきとったら、夫は初めのうちこそ愛想よく振る舞っていても、三日もせずにいらいらしてくることは目に見えていた。

結局、母の女学校時代の友人が同じような施設に入り、「いいところよ」と手紙をよこしてくれたことでおさまった。娘や息子の住宅事情はわかっていたはずだから、結局は一時的な見栄だったのだろう。

もう一つのエピソードは、わたし自身がこの老人施設に入居してからのことである。あるとき、シンガポールテレビ局というところから取材を受けた。施設に入った経緯や、住み心地、そして老人施設に入っている心境を話せばいいのだと納得して引き受けた。カメラが何台も入り、わたしはディレクターと通訳と向きあった。

ディレクターの質問を通訳するというはずだったのに、通訳が自分で勝手に質問しているようにみえた。その通訳は、わたしに言わせたいことがあって、答えを誘導しようとしていることが察せられた。取材というのは概ねそんなものだということはわかっていたが。途中からディレクターにはわたしの言いたいことがわかってきたらしく、しきりにうなずくようになった。だが、通訳の女性はわたしに「本当は、大家族で暮らしたかったのに……」と言わせたかったようだった。でも、わたしはその期待に添うつもりはなかった。どんな風に放映されたものやら、シンガポール放送では、確かめようがなかった。

一般に「老人施設は現代の親捨山」だという意識は今でもあるかもしれない。でも、わたしは今、一切の家事から解放され、身体的な理由で単独の外出はできないとはいえ、必要なときには息子たちが連れ出してくれるし、リハビリに励むほかは、読んだり、書いたり、観たりの生活を楽しめている。

でも、わたしにとってはありがたいこの施設の環境も、まだまだ、「親捨山」だと感じている人はいるようだ。はっきり言って、そういう人は自分の意思で入居したわけでなくて、認知症の症状が出はじめて、面倒が見切れず、家族にまさに「捨てられた人」だといえるかもしれない。

昔話の親捨山の老人は、まだぼけてはいなかった。だからこそ、難題を解く知恵があったのだ。今、寿命が伸び、ぼけてしまって、家族の役にたつどころか持て余され、捨てられてしまったと見える老人はたしかに増えているようだ。もう少し早く、あらたな生活が送れる力が残っているうちに入居すればよかったのに、と思わないではない。だが、やはり、世間への見栄と、それに、これは全く深刻だが、経済的に余裕がなければできないことかもしれない。この事態に政府の政策はいっこうに追いついていない。

現代の老人施設は、人によって親捨山であり、また、極楽でもありうる。ぜひ、ぼけないうちに健康な老後を楽しめるような社会を期待したい。

（比較民俗学会報　二〇一五年七月号収録）

# あとがき

回り道をして、研究者としては一世代遅れて出発した私ではあったが、それは悪いことばかりではなかった。記憶力の減退は覆うべくもなかったが、多少の見聞の広さと、研究者としての覚悟のほどと、そして、いささかの経済的なゆとりを手に入れていた。

代々、子孫に美田を残す習慣がなかった、あるいは残せなかった家系のせいで、あまり子どもたちに経済的な負担をかけられることもなく、早々と彼らが独立したあと、心置きなく研究に必要な資料を集めることができた。夫も研究者であったから、理解はあったというべきだろう。

ところで、イタリアの昔話の研究に欠かせない資料は、今のところ、日本の図書館にはほとんど入っていない。自分で集めるほかはなかった。文流やイタリア書房（いずれもイタリア書籍輸入商）にもお世話になったし、直接イタリアの版元から取り寄せたり、イタリア滞在中に買い集めたりもした。

時を経て、自分の老い先が長くないことに気がつき、長年にわたって集めた資料の行く末が気になったとき、ご縁があって、京都の日本イタリア会館の会誌「コレンテ」の紙面を借り、足掛け四年にわたって「イタリア民話の世界」を掲載させていただいたが、その機会に資料提供の意思を表明した。これはネットでも配信されたが、残念ながら、資料を受け継ぎたいという人は現れなかった。ネットでの配信というのは、意識して近づかない限り目に留まらないということかもしれない。

今回、その「コレンテ」に載せたものに手を入れ、三弥井書店から一冊の本として出していただけることになった。そこで、これを機会にさらにイタリアの民話の魅力を知っていただきたいと、「お話」の数をふやし、併せて、これから挑戦しようという人のために、私が辿ってきた研究の道筋を紹介する項も設けた。資料だけでなく、いささかのノウハウも伝えたいと思ったのだ。

そして、あらためて資料を受け継いでくださる方を探したいと思っている。(関心のある方は編集部を通してご連絡下さい)

私は勉強をつづけるうち、昔話にしろ、その他の民衆の営んできたさまざまな文化にしろ、それらを包括する民俗学というものは、けっして、今の自分から遠く離れた事象だけを研究対象とするわけではないことに気がつくようになった。私たちが経験した、より近い時代の事象も、批評的に記録しておくことは無意味ではないだろう。ことによると、未来の研究者への遺産として、現在、あるいは近過去の記録を残せるかもしれない。そう考えると、生涯、楽しみながら研究を続けることの意味もあるはずだ。決して遅過ぎるからと諦めることはない。今や人生百年の時代である。

昔話の楽しみは、多岐、多様にわたる。本書から何か一つでも楽しみをみつけることができたら、ちょっと深入りしてほしい。その先に、また新しい道も開けるはずだ。

私は十年余りまえの怪我が元で車椅子生活となり、自力で出歩くことができなくなった。しばらくは落ち込んだものの、残された機能を無駄にせず、頑張って生きていこうと気持ちを切り替えた。息子たちの力も借りて外出の機会もふやし、また、薬の効能と副作用のバランスをとりながら、執拗な痛みとも付き合っている。

現在、老人ホームで介護を受けながら、リハビリに精を出し、デスクワークに励む日々を送っている。出遅れ、回り道をした分は長生きして補いたいと思っている。この一冊が、若い人にも、老後をもてあましている人にも、なんらかのヒントを提供できるなら望外の喜びである。

最後に、この出版不況の中、あえて出版に踏み切ってくださった、三弥井書店の吉田智恵さんに心からお礼を申し上げたい。

剣持弘子

二〇一八年一〇月

## 著者紹介


**剣持弘子（けんもち・ひろこ）**

1933年、三重県に生まれる。都立定時制高校栄養士、地域子ども文庫主宰、日本女子大学人間社会学部文化学科講師を経て、執筆、研究活動に従事。研究対象はイタリアと日本の民話。所属学会は日本口承文芸学会、昔話学会、説話・伝承学会、比較民俗学会。主著に『イタリアの昔話』（三弥井書店）、『子どもに語るイタリアの昔話』（こぐま社）、『三つのオレンジ』（偕成社）、『カレーライスは日本食 わたしの体験的食文化史』（女子栄養大学出版部）など。



語りのメソッド イタリアの民話をたずねて

平成30年12月14日　初版発行

定価は表紙に表示してあります。





発 行 者　　吉　田　栄　治

発 行 所　　株式会社 三 弥 井 書 店

〒108－0073 東京都港区三田 3－2－39

電話 03－3452－8069 振替00190－8－21125

ISBN978-4-8382-9097-0 C0026　　製版・印刷 藤原印刷